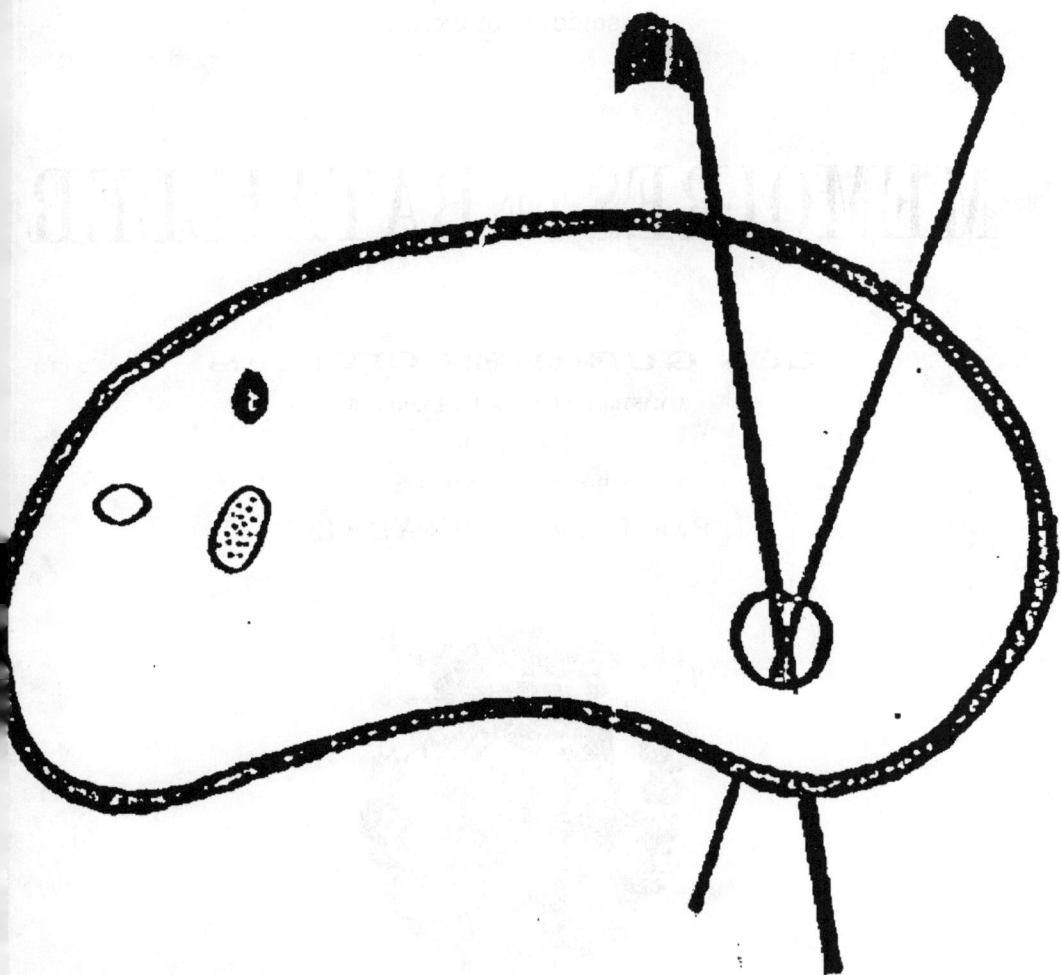

DEBUT D'UNE SERIE DE DOCUMENTS
EN COULEUR

ARCHIVES HISTORIQUES DE L'ALBIGEOIS

PUBLICATION PÉRIODIQUE DE LA SOCIÉTÉ DES SCIENCES, ARTS ET BELLES-LETTRES DU TARN

FASCICULE DEUXIÈME

MÉMOIRES DE BATAILLER

SUR

LES GUERRES CIVILES

A CASTRES ET DANS LE LANGUEDOC

1584-1586

PUBLIÉS POUR LA PREMIÈRE FOIS

PAR CHARLES PRADEL

PARIS
ALPHONSE PICARD
82, RUE BONAPARTE

TOULOUSE
ÉDOUARD PRIVAT
45, RUE DES TOURNEURS

ALBI

IMPRIMERIE G.-M. NOUGUIÈS

MDCCCLXCIV

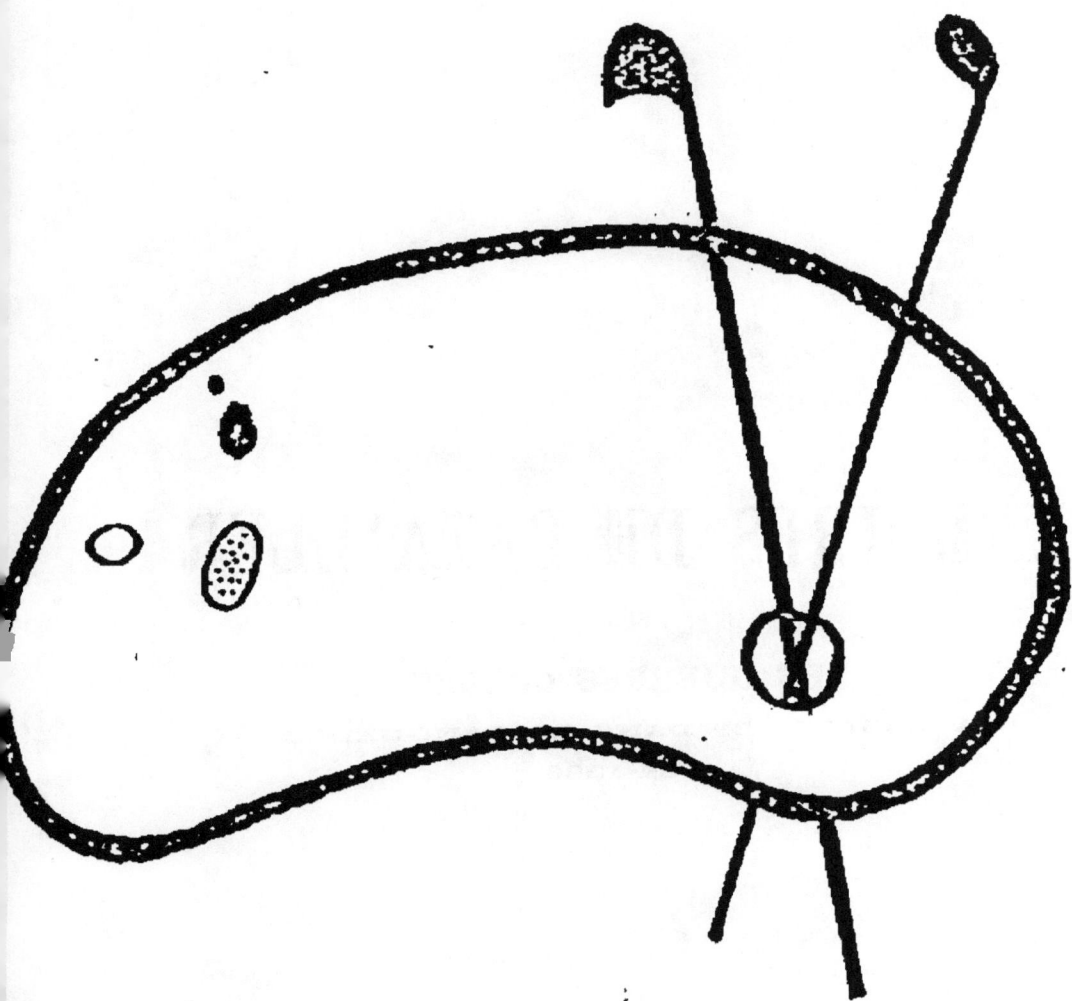

FIN D'UNE SERIE DE DOCUMENTS
EN COULEUR

MÉMOIRES DE BATAILLER

SUR

LES GUERRES CIVILES

A CASTRES ET DANS LE LANGUEDOC

1584-1586

ARCHIVES HISTORIQUES DE L'ALBIGEOIS

PUBLICATION PÉRIODIQUE DE LA SOCIÉTÉ DES SCIENCES, ARTS ET BELLES-LETTRES DU TARN

FASCICULE DEUXIÈME

MÉMOIRES DE BATAILLER

SUR

LES GUERRES CIVILES

A CASTRES ET DANS LE LANGUEDOC

1584-1586

PUBLIÉS POUR LA PREMIÈRE FOIS

PAR CHARLES PRADEL

PARIS
ALPHONSE PICARD
82, RUE BONAPARTE

TOULOUSE
ÉDOUARD PRIVAT
45, RUE DES TOURNEURS

ALBI
IMPRIMERIE G.-M. NOUGUIÈS

MDCCCXCIV

PRÉFACE

Les Mémoires que nous publions aujourd'hui sont peu connus. Le manuscrit original est égaré depuis longtemps déjà, et l'on a pu croire l'ouvrage entièrement perdu, grâce à la rareté de ses copies. Les deux seules que nous connaissions sont déposées à la Bibliothèque nationale : 1° Fonds de Languedoc, n° 93 ; — 2° Fonds Français, vol. n° 14,503, p. 409 et suivantes. Cette dernière a servi à établir notre texte. L'une et l'autre sont loin d'être parfaites. On dirait même que de maladroits scribes, en se succédant, se sont complus à augmenter les fautes du manuscrit sur lequel ils travaillaient. Aussi, malgré nos principes d'intégralité dans la reproduction des documents, nous nous sommes permis de rectifier certaines erreurs manifestes. L'exemple suivant, pris au hasard, servira à justifier ces corrections.

On trouve dès les premières pages : « L'abesse de près de Castelnaudary fut prise, etc... ». Évidemment le manuscrit original portait : Labessède, près de Castelnaudary, etc... » — Nous n'avons pas hésité à modifier de semblables sottises.

A part ces défectuosités de copie, la rédaction même de Batailler n'est point un modèle. Notre auteur se plaît souvent à entamer un sujet dont il remet bien vite la suite à plus tard. Il enchevêtre son récit, le prolonge inutilement par des redites et le rend obscur. Tout cela, dans un style peu coulant. De plus, il y a chez lui absence complète d'ordre chronologique.

Cependant, il nous donne une foule de détails ignorés ou laissés dans l'ombre par Faurin, dans son *Journal*, et par

Gaches, dans ses *Mémoires*. Au reste, il est bon de rapprocher
constamment les textes de ces divers annalistes, quant aux
années 1584, 1585 et 1586, dates dont Batailler ne sort guère ;
et, à voir combien les faits se complètent de cette manière, on
se prend, après tout, à regretter que notre historien n'ait pas
étendu son travail à sa vie entière. Peut-être l'avait-il fait tout
d'abord ? Peut-être n'avons-nous ici que de simples fragments ?
La manière brusque dont commencent et finissent ces mémoires
tendrait à le prouver.

Quoiqu'il en soit, Batailler nous aurait encore vivement inté-
ressés en nous racontant ce qu'il avait vu des massacres de la
Saint-Barthélemy à Paris, en 1572. Il nous dit s'être sauvé de
ces « matines parisiennes » avec Jean de Bouffard de Lagrange.
Sans doute, il partagea le sort de ce seigneur : il subit le
fameux siège de Sancerre. Certainement, Antoine Batailler assista
à la prise de Castres puisqu'il figure sur la liste du Conseil
huguenot rétabli dans cette ville après ce fait d'armes (Arch. de
C., reg. consulaires, 16 oct. 1574). On sait encore, par lui-
même, qu'il fut nommé contrôleur des dépenses, en 1586. Après
cela, on ignore complètement les détails de sa vie modeste et
effacée, qu'aucun de ses contemporains ne mentionne.

Il faut traverser près de deux siècles, à partir de la composition de nos Mémoires, avant de retrouver le nom de Batailler.
Le bénédictin dom Vaissète est le premier à signaler son
existence dans l'*Avertissement* du tome V de son *Histoire du
Languedoc*. *La biographie Castraise*, qui ne doute de rien d'ordinaire, n'a pas même osé lui donner de prénom. Quant à la
famille Batailler, elle était nombreuse à Castres aux xvie et xvii[e]
siècles ; mais on ne connaît ni les auteurs, ni la descendance de
notre historien. — Il ne peut être question d'identifier Antoine
Batailler, chroniqueur, avec l'un de ses homonymes, un prêtre,
le héros d'une aventure scandaleuse, arrivée en 1548, reproduite
par M. L. Barbaza dans son *Recueil d'actes notariés* (Castres,
1890 ; p. 51).

Les sérieux défauts de notre manuscrit ont été, sans aucun

doute, le principal motif de leur délaissement jusqu'ici, et l'on pourrait nous dire, après le peu d'éloges que nous faisons de lui : Pourquoi donc le tirer de l'oubli ? Mais, à part les raisons que nous venons de donner, nous nous sommes dès longtemps imposé la tâche de publier les pièces importantes restées inédites qui peuvent servir à l'histoire de notre haut Languedoc. C'est ici le cas, et les imperfections des Mémoires de Batailler ne sauraient nous empêcher de les mettre au jour.

Ch. PRADEL.

MÉMOIRES DE BATAILLER

SUR

LES GUERRES CIVILES

A CASTRES ET DANS LE LANGUEDOC

1584-1586

En cette année, 1585, furent élus consuls de la ville de Castres, sire Pierre Gaches, mre Jean Bissol, François Alary et Olivier Lucas.

Etant depuis quelques jours survenu différent entre Monseigneur Henri duc de Montmorency, pair et maréchal de France, gouverneur et lieutenant général pour le Roy en Languedoc, et Monsieur le duc de Joyeuse, lieutenant, en son absence, audit pays, pour raison du gouvernement, auquel, depuis Narbonne jusques vers Toulouse, le duc de Montmorency ne pouvoit être obéi, ni en autres lieux, comme vers Clermont de Lodève et environs, à l'occasion dequoi aussi les uns et les autres tâchoient à s'emparer des villes et lieux, advint de là que, sur la fin de l'année passée, le lieu de Cessenon fut surprins par aucuns capitaines du duc de Joyeuse, et la garnison du sieur de Montmorency, qui étoit gens de cheval, défaite par la trahison d'un soldat de la ville, qui les y introduisit, moyennée par le sieur de Vassas (1), gentil-homme dudit lieu, en qui ledit seigneur avoit grande fiance, lequel s'en étant allé trouver iceluy sgr de Montmorency, pensant s'en excuser, fut mal venu, car, pour punition de cette déloyauté, il fut exécuté

(1) Gaches dit : le sieur de Vèses. Une lettre de Pontcarré au roi, du 6 novembre 1584, l'appelle : le sieur de Vézas, jeune homme de dix-huit ans. — Les Fraissinet de Vessas furent, de père en fils, capitaines-châtelains de Cessenon, depuis 1550.

à mort dans la prison. Ladite surprinse fut cause que le duc de Montmorency mit garnison à Cazoul, sur chacun et autres lieux. Le sieur de Joyeuse en fit de même audit Cessenon, qui foulèrent fort le pays, à cause des courses qui se faisoient jusques aux environs de Narbonne.

La ville de Clermont de Lodève, refusant d'obéir au duc de Montmorency, par les menées de l'évêque de Lodève, étoit comme assiégée de garnisons tout de l'environ, depuis l'été dernier passé, voire le dégat des blés et gerbiers avoit été fait jusques aux portes de ladite ville ; tellement qu'il y eut plusieurs rencontres et escarmouches tout l'été, jusques à ce que ledit sieur, ayant mis garnison aux fauxbourgs, y fit conduire du canon, et après furieuse batterie et quelques assauts soutenus, les habitans se rendirent à composition, recevant garnison dudit sieur qui y étoit en personne ; au secours duquel M. de Châtillon et le sieur de Grémian menèrent 7 à 800 arquebusiers de la Religion, et le sieur de Boissezon 4 ou 500 de ce pays d'Albigeois et diocèse de Castres. Ledit sieur de Joyeuse ayant amassé ses forces jusques à Toulouse sous la conduite de M. de Cornusson, sénéchal de Toulouse, fit grands efforts pour secourir ledit Clermont ; mais en vain. Ceux de Toulouse, licenciez par M. Durant, premier président, les villes d'Albi, Gaillac, Lavaur et autres qui avoient envoyé grand nombre des compagnies audit sieur de Joyeuse, les cuidoient à ce coup défaire et accabler ledit sieur de ...... et, après, ceux de la Religion levant la crête ; mais à ce coup ils se trouvèrent fort mécontens.

Clermont rendu, les forces du duc se retirèrent vers Béziers, et les autres dudit sieur de Joyeuse ez environs de Narbonne ; mais il y avoit des rencontres, parce que ledit sieur de Châtillon alloit jusqu'aux portes de Narbonne.

Le village de Coursan, à une lieue de Narbonne, où la compagnie des gendarmes dudit sieur de Joyeuse étoit en garnison, fut surprins par les gens du duc de Montmorency, audit mois de janvier (1), sur la diane, et tous les chevaux emmenés.

(1) Faurin rapporte ce fait au commencement de décembre 1581, et les prises de Clermont et de Cessenon, en novembre, même année. Les lettres du roi à Montmorency et à Joyeuse se plaignant de la prise de Clermont sont du 30 nov. (*Hist. de Lang.*, XII, 1397, édition Privat).

Hormis quatre gendarmes qui furent tués, les autres se retirèrent à un fort de ladite ville, étant échappés parce que on s'attendit plus au pillage des chevaux qu'au combat. Deux heures après, le lieu n'estant tenable, ils s'en retournèrent audit Béziers. Ces nouvelles venues à Narbonne, soudain 2 ou 300 chevaux et 7 à 800 arquebusiers, s'acheminent vers Coursan, pensant y attaquer ceux qui l'avoient surpris ; mais ce fut en vain, car ils étoient déjà à Béziers et aux garnisons des environs.

Le bruit couroit, entre les catholiques, que l'armée que mon dit sieur le duc de Joyeuse avoit amassée étoit payée des deniers du Roy, et que M. Durant, premier président à Toulouse, contresignoit les Commissions dépêchées aux capitaines qui levoient compagnies (1). Tellement, qu'entr'eux ils les appeloient les compagnies de l'armée de M. le Président. D'un autre côté on faisoit accroire que M. le duc de Savoye donnoit soixante mille écus audit sieur duc de Montmorency. Toutes fois n'y les unes n'y les autres compagnies ne firent montre (2) ; ains vivoient à discrétion sur le pauvre peuple, de sorte que les vivres, au pays-bas de Languedoc, commençoient à faillir ; qui fut cause que les forces d'un et d'autre côté se retirèrent d'où elles étoient venues, au mois de février en suivant.

Après la reddition de Clermont, le capitaine Bacou, qui n'avoit bougé de Brassac pendant que les coups se donnoient, avoit plutôt retenu auprès de lui, 50 ou 60 voleurs qui ravageoient depuis Brassac jusques à Castres, pillant les pauvres paysans, détroussant les passans. Pour couvrir son fait, il alla surprendre le village de Lescure (où il y a un petit château, à une petite lieue d'Albi) qui ne faisoit garde n'y en paix ny en guerre, ains étoit une retraite à plusieurs gens, qui y vivoient paisiblement, à l'aveu du seigneur qui étoit neutre (3). Bacou

(1) Au reste, Duranti, parlant de Joyeuse et s'adressant à Henri III, disait dans ses lettres : « ..... nos forces... ». « ... s'il plaisait au Roi nous aider, il se présente occasion de faire de beaux effets .. » (Bibl. nat. mss. fr. 3108).

(2) *Faire montre* signifiait alors passer une revue dans laquelle on payait les soldats.

(3) Le 12 déc. 1581. — Louis, baron de Lescure, devait être fort jeune encore. Il avait été laissé, en bas âge sous la tutelle de François de Lescure, baron de Padiès, à la mort de son père, Pierre, arrivée vers 1571 (Arch. du Tarn).

ayant amené toute sa suite de voleurs et encore ramassés de ceux qui n'avoient suivi, ains abandonné les troupes que le sieur de Boissezon avoit, comme a été dit, conduites au siège de Clermont, fit durant le mois de janvier et février une infinité de courses et pilleries aux environs d'Albi, et pays d'Albigeois, fortifiant ledit lieu de Lescure dont les pauvres paysans et laboureurs ez champs, de trois ou quatre lieues ez environs, furent détruits et mis à pauvreté, ayant rançonné les riches et aisés, et pillé les médiocres, de sorte que ceux de la ville d'Albi, quoi qu'ils eussent renforcé leur ville de 2 ou 300 hommes de pied et de 80 ou 100 chevaux, étoient à une peine extrême de se garder (1). Il y eut plusieurs combats et rencontres, en tous lesquels ceux dudit Albi eurent des pires et furent toujours battus à la campagne. Et, quoique ledit lieu de Lescure fut fort faible, si ne l'osèrent jamais, ceux dudit Albi, ni les forces de Toulouse, Gaillac, Rabastens, Lavaur, ni le Rouergue, aller assiéger, par ce que le capitaine Bacou disoit tout haut qu'il avoit prins ledit lieu et le tenoit au nom du duc de Montmorency, et qu'il faisoit du pire qu'il pouvoit à ceux d'Albi, en revanche de ce qu'ils avoient envoyé gens et compagnies au sieur de Joyeuse; que le duc de Montmorency vouloit qu'il le fit remparer et munir de toutes sortes de vivres et munitions de guerre, et y tenir garnison de 5 ou 600 hommes de pied et de 100 à 120 chevaux.

Labessède, près de Châteauneuf-d'Arry, fut prinse, par le capitaine Basset qui la tint quelque temps prisonnière ravageant le pays, quoi qu'il se dit de la Religion, disant ce faire de la part de mondit sieur duc de Montmorency.

Les affaires étant réduites en tel état, le Roy averti du succès du sieur de Joyeuse, envoya en ce pays le sieur de Pontcarré (2),

_____

(1) Le Parlement de Toulouse lança l'arrêt suivant à ce sujet : « ..... La Cour, vu la surprinse récente du château de Lescure, en Albigeois, et les ravages exercés aux environs par une bande de gens armés, sans aveu, prescrit à tous gentilshommes et magistrats de s'emparer de leurs personnes ou de les dissiper par la force, avec défense à tous habitans de les aider en rien, à peine de complicité. » (Arch. de la Haute-Gar., fonds du Parlement, B, 91).

(2) Antoine Camus, sieur de Pontcarré, baron de Rivière, conseiller du roi, trésorier de France en la généralité de Lyon. Voyez quelques-unes de ses lettres publiées dans la nouvelle édition de l'*Hist. du Languedoc*, t. XII.

pour faire entendre que S. M. ne vouloit que autre commandât audit pays de Languedoc que le duc de Montmorency, ayant, S. M., trouvé fort mauvais la levée de l'armée faite par le duc de Joyeuse et premier président de Toulouse; tellement que d'ores en avant toutes choses furent réduites à meilleurs termes, n'ayant que Toulouse, Narbonne et Carcassonne exemptées des garnisons que le duc de Montmorency trouvoit bon mettre ez villes dudit pays. Le duc de Montmorency en ayant le pouvoir, fait à l'instant quitter et vuider les garnisons de Montréal et Labessède tenues par ceux qu'on appelloit les voleurs de la Religion. Tellement que depuis Narbonne jusqu'à Pont-Saint-Esprit tout devint paisible, il n'y avoit que ce pays d'Albigeois troublé par ledit Bacou, et le Lauragais, par les voleurs se disant catholiques. Ceux d'Albi se voyant en telle extrémité qu'ils ne pouvoient sans danger de leurs personnes sortir jusques à leurs jardins, se retirent au duc de Montmorency pour faire vuider la garnison de Lescure. Il y envoye un sien trompette avec lettre portant commandement de déloger au mois de février suivant. Mais Bacou fait du sourd. Enfin, après plusieurs allées et venues, par le moyen du sieur baron de Paulin, ledit Bacou vuida ledit lieu de Lescure moyennant 3,000 écus sol que la ville d'Albi lui paya (1), et tout le pillage de Lescure, lequel fut si bien escuré et nettoyé qu'ils n'y laissèrent que les pans. Pendant que ladite garnison était à Lescure, composée la pluspart de voleurs et brigands, les montagnes de ce diocèse de Castres eurent quelque repos ; mais au retour dudit capitaine Bacou à Brassac, le désordre, brigandage et pillerie recommença sur le pauvre paysan et laboureur des champs, passans et repassans qui étoient des postes jusqu'aux portes dudit Brassac. Bacou s'appropria ladite somme de 3,000 écus, sans en faire part aux soldats.

Desquels soldats, cinq furent pendus à Toulouse peu après que ledit lieu de Lescure fut quitté ; et, tant que la justice en pouvoit attraper, ils étoient pendus ou mis sur la roue comme voleurs.

(1) C'est 2,800 écus seulement qui furent attribués à Bacou par les petits États du diocèse. — Le prétendu trompette envoyé par Montmorency était l'un de ses secrétaires nommé Béreiti, auquel ces négociations valurent une gratification de 300 écus (*Arch. du Tarn*).

Pendant que Bacou tenoit Lescure le sieur de Prat-Daücou, frère du sieur de La Ginié, fut fait prisonnier près de Labessonié par le capitaine Andrieu, sieur de Bellenanti (1) et autres, et conduits à Brassac, en revanche de quoi, M. de la Botterie et Jacques Verdier, lieutenant à Lombers, furent faits prisonniers par les sieurs de Montfa et Montpinier, en venant à Castres; lesquels quelques jours après furent élargis ainsi que lesdits amis du sieur de Prat-Daucou. Ce fut sur la fin de février.

Au mois de mars 1585, ledit sergent de Bellenanti, fils de Castres, étoit venu voir Marquise Grasse, sa femme, qu'il tenoit à Saint-Germier; et y ayant séjourné deux jours, ledit Prat-Daucou de ce averti, assemble 60 ou 80 soldats, et, de nuit, avec pétard et échelles ils viennent assaillir la maison dudit Bellenanti et, l'ayant forcée parce qu'il en sortit, le tuèrent après l'avoir blessé de 28 playes et commis une infinité de cruautés contre son corps. Le bruit étoit que le sieur de Saint-Germier avoit averti Prat-Daucou et donné moyens de faire faire ce meurtre, quoi qu'il fasse profession de la Religion; et, de fait, il s'en étoit allé avant glas (1) ce jour même. Le sieur de Saint-Germier, Montcuquet, Cabanes et autres gentilshommes de Lautrec se trouvèrent au meurtre, dont informations sur ce furent faites.

Le capitaine Bacou, quoi qu'il se dit de la Religion réformée, arrenta le bénéfice de Saint-Chinham-les-Brassac et y fit venir un prêtre pour dire la messe; ce qu'il a continué de faire, comme aussi une infinité de voleries et rançonnemens; et, à ces fins, il a arrenté le château de Roquefère, prochain de Viane, où il enferme les pauvres gens qu'il arrête prisonniers.

Le jeudi, 14e jour dudit mois de mars 1585, Henri de Bourbon, roy de Navarre, accompagné de Henri de Bourbon, prince de

_____

(1) Ces noms ont été défigurés par les copistes. Au sujet des frères Albert de La Janié et de Pratd'aücou, voyez *Mém. de Gaches*, p. 312 et 313. — Gaspard d'Albert, seigneur de La Janié, reçut des Etats du diocèse d'Albi une indemnité de 30 écus pour un cheval tué sous lui au siège de Villeneuve, en 1585 (Arch. du T. C. 402), Il était enseigne de la compagnie des chevaux-légers de George d'Amboise sieur de Cazaubon. — On trouve un peu plus tard 1588, un Alexis d'Albert, sieur de la Janié, auquel les Albigeois donnent une indemnité de dix écus pour avoir repris Milhars.

(1) C'est-à-dire, sans doute, avant la diane. On sait que glas vient du latin *classicum*, signal avec la trompette.

Condé, et de grand nombre de ses gentilshommes, arriva à Castres où lui fut faite une entrée honorable, quoiqu'il plût, neigeât et fît le plus mauvais temps que l'on eût vu trois ans. A l'instant qu'il se mit sous le poêle, il tonna bien fort, ce qui fut remarqué de plusieurs ; car de tout le mois de janvier et février il n'avoit plu ; ains fait le plus beau tems du monde jusqu'au jour qu'il tonna ; et cedit jour, perdu de mauvais temps, empêcha la magnificence de l'entrée du roy, sur laquelle furent faits, par l'auteur de ses mémoires, les vers suivants :

« Lorsqu'Henri de Bourbon, heureux Roy de Navarre,
« Fit son entrée à Castre, au pays d'Albigeois,
« L'altitonnant fit bruyre en haut sa grosse voix,
« A l'instant qu'il se mit sous le ciel, fait en carre,
« Du poêle ombrageant sa majesté faconde.
« Loué soit l'Eternel, par qui tout bien abonde !
« L'altitonnant aussi, sa voix grosse ores mit ;
« Pluie et vent, grêle et neige à la terre transmit,
« Signifiant par là, que cette entrée heureuse
« Seroit, par son moyen, à Castres bienheureuse.
« Castres, prie pour lui nostre grand Dieu des cieux,
« Qu'il le veuille bénir et rendre bienheureux,
« Affermissant son sceptre en piété et justice
« Qui sont les deux supports de tout bonheur indice.
« Ce bonheur nous advint l'an quatre-vingt-cinquième,
« Après mille cinq cent, de mars le quatorzième,
« Et du règne d'Henry, le plus sage des rois,
« Quatorze ans à peu près, ne s'en faut que deux mois,
« De sa naissance au monde est l'an vingt-neufvième.
« O Dieu ! permets lui donc de passer l'an centième,
« Afin qu'il puisse heureux, en prudence et sagesse,
« Régner glorieusement avec plus grande Altesse,
« Visant toujours aux fins de la gloire de Dieu !
« O Henri de Bourbon ! loue toujours ton Dieu.
« Soumets à sa grandeur ton sceptre et ta couronne.
« C'est Dieu qui hausse et baisse à son gré la personne
« De celui qui le sert de cœur et d'affection ;
« Et Dieu veut illustrer la maison de Bourbon
« De sceptre et de couronne et de gloire et d'honneur.
« Loue ! loue-le donc ! ô Roy ! de tout ton cœur ! »

Le dimanche suivant, 17 du mois de mars, monseigneur le duc de Montmorency accompagné des seigneurs de Chatillon, et d'Andelot, frères, fils du feu sieur amiral Coligny, arriva à Castres avec grosse suite de gentilshommes et fit son entrée. Le roy de Navarre, sous couleur d'aller à la chasse, alla au devant de lui ; et comme il approchoit, les consuls et principaux hommes de Castres l'allèrent trouver et offrir obéissance. Une compagnie de 200 arquebuziers de la ville, conduits par le capitaine Bessière, et le jeune Ligonnier, son enseigne, sorti-rent demi lieue au devant dudit sieur qui fut salué de grand nombre d'arquebuzades. Les canons et autres pièces d'artillerie tirèrent ayant été menés à la porte de Villegoudou, et y eut grand tintamarre, faisant beau temps et serein. Le roy de Navarre entra avec lui. Sa compagnie de gendarmes fut logée à La Bruguière, Viviers et Soual, les arquebuziers à Escoussens, le reste à Castres, en nombre de 1000 chevaux et plus. Il fut logé chez M. de La Garrigue et le roy de Navarre chez M. le receveur Thomas ; M. le prince de Condé, chez M. le juge. Ils payoient fort bien les vivres et denrées, et à cause de cette venue, le bled se haussa de sept ou huit sols ; tout le reste demeura en l'état.

Ceux de la ville de Lautrec envoyèrent à Toulouse de Burtha, juge, Gontier, bourgeois et autres, pour prendre conseil s'ils devoient laisser entrer en leur ville le roy de Navarre, vicomte dudit lieu et vicomté. Sur ce aussi tinrent plusieurs conseils en ladite ville et résolurent, par l'advis de Toulouse, qu'il n'y entreroit point que lui dixième, s'il y venoit. Ce qu'entendu, le duc de Montmorency, commanda à M. le juge de Castres, tout haut en sortant du conseil, d'écrire aux consuls de Lautrec de venir faire la révérence au roy de Navarre, autrement lui-même les iroit quérir. Ce que le juge fit ; et, après plusieurs allées et venues et que le duc y eut envoyé un de ses secrétaires, enfin, un des consuls avec un autre député vindrent à Castres et furent présentés au roy de Navarre par le dit sieur duc. Ils s'excusèrent sur ce que aucuns leur avoient donné à entendre qu'ils seroient maltraités du roy, lequel leur répondit qu'il n'étoit pas diable, pour leur mal faire ; et les ayant bien et humainement accueillis, il leur dit, entre autres choses, qu'il espéroit recevoir plus de services d'eux que de M. Duranti, premier président de Toulouse, qui leur avoit donné conseil de ne lui obéir. Là dessus, il s'en alla à la chasse comme il fit durant son séjour, encore qu'il fît mauvais temps.

. Le roy de Navarre, durant son séjour à Castres, montra signe de grande amitié et respect en l'endroit du duc de Montmorency, et, au dépourvu, s'en alla, un soir, souper avec le duc sans l'en avoir averti, ains sur l'instant qu'il se vouloit mettre à table. Il fit même souper avec eux sept ou huit autres gentilshommes, pour récréation.

De mêmes en faisoit à Henry de la Tour, vicomte de Turenne, son premier chambellan, neveu dudit sieur duc.

. Le duc fut aussi invité par le roy de Navarre à son logis où Monseigneur le prince de Condé, les sieurs de Chatillon et d'Andelot et le vicomte de Turenne soupoient seuls à une chambre à part. Et, durant l'espace de quatre heures, aucun autre n'entra en ladite chambre, étant expressément défendu. Même ceux qui servoient audit souper vuidèrent incontinent après icelui, le roy de Navarre, prince, duc, et sieurs susdits étant demeurés seuls durant ce temps. Pendant leur séjour à Castres, les villes de Toulouse, Carcassonne, Castelnaudarry, Lavaur, Alby, Gaillac et autres villes se disant catholiques, étoient en une merveilleuse peine, telle que les gardes du jour et de la nuit furent redoublées, en étant tous troublés et en cervelle, observant curieusement ceux qui entroient ou sortoient en icelles, bien qu'ils fussent avertis que telle entrevue de grands princes et seigneurs se faisoit du consentement du roy, notre sire, Henri, par la grâce de Dieu roy de France et de Pologne. Cette assemblée eût été encore augmentée de plusieurs autres grands seigneurs catholiques, comme étoit ledit sieur duc de Montmorency, et officiers de la couronne, si la nouvelle qui causa leur subit départ de Castres, ne fût sitôt survenue, comme sera dit après. M. Duranty, premier président, comme il mandoit venir à lui les capitouls de Toulouse pour les inciter à faire bonne garde, leur disoit qu'il craignoit fort l'entrevue, conseil et dessein des quatre Henris assemblés à Castres. Le duc de Joyeuse, lieutenant, de longtems, pour le roy au pays de Languedoc en l'absence toutesfois du duc de Montmorency, contendant dudit gouvernement, trouvant pour suspecte cette assemblée et entrevue de princes et grands seigneurs avec le

duc de Montmorency, vint en grande diligence de Narbonne, où
il faisoit son séjour ordinaire, à Carcassonne, et se logea dans
la cité où il fit visite des munitions, poudres, salpêtres, artillerie,
équipages et autres choses du magasin de tout tems ordonné
par le roy en ladite cité, comme frontière du pays, pour de là
explorer et découvrir le dessein d'icelle assemblée. Pendant ce
séjour fut tramée une trahison sur la ville d'Alet et une autre
sur la ville de Castres, comme sera ci-après en son tems
déclaré, et ainsi que les effets l'ont montré depuis.

Le synode général des églises réformées, selon le saint évan-
gile de Dieu, des provinces d'Armagnac, Haut et Bas-Quercy,
Rouergue, Haut-Languedoc, Foix, Lauraguais et pays d'Albigeois, assigné à se tenir à Castres, au 20e mars, commença le 21
d'icellui. A ce synode, furent députés pour lesdites provinces,
M. Rossel, ministre de la parole de Dieu à Mazamet, et Jean de
Bouffard, sieur de La Grange, qui aussi portoit la parole audit
synode pour les affaires de l'église de Castres, étant diacre en
icelle, avec M. Dominique Bouffard, sieur de La Garrigue, son
frère, homme de piété et religion, de longtems connu en ladite
église, afin d'aller assister au synode national assigné en la
ville de Montpellier au mois de may prochain venant. La ville
étoit si pleine de gens, qu'à grand peine l'on put loger lesdits
ministres et leurs anciens. Beaucoup d'églises demandoient à
être pourvues de pasteurs, à quoi le synode ne put satisfaire,
parce que, bien que la moisson fût grande, il y avoit peu d'ou-
vriers. Il faut prier Dieu qu'il lui plaise d'en susciter (1).

Pendant le séjour de ces princes et grands seigneurs à Castres,
François Gautran, qui depuis trois ans était détenu prisonnier à
Castres (2) pour ses maléfices et brûlement de la maison de
Mtre Vincent Bonnafous, de Castelnau-de-Brassac, son oncle,

(1) Evangile de saint Mathieu IX, 37 et 38.

(2) La capture de Gautran avait été laborieuse. Enfermé dans son château
de Lassouts dès le mois d'octobre 1581, il avait opposé une énergique résistance à la force des Castrais et aussi à la persuasion de Clervaut et Dupin,
commissaires du roi pour la paix, qui réclamèrent le canon de Puylaurens,
afin de l'assiéger, le 8 mars 1582 (Arch. de la ville de Castres, reg. des délibérations consulaires). — François Gautraud signait : *Lassouts*. Nous l'avions
d'abord confondu avec son frère, Bertrand, sieur de Birac. (Voir *Mém. de
Gaches*, p. 172, note).

s'évada des prisons avec quelques autres qui ayant attaché, au dessus du toît du château de Castres, des cordes et linceuls rompus, en descendant au long d'iceux, se sauvèrent à une maison prochaine, et, de là, sur le soir, Gautran sortit de la ville à la faveur des sieurs de Boissezon et Saint-Amans qui lui baillèrent quatre chevaux de sûreté, et eux se trouvèrent sur la porte tout exprès. Grande perquisition fut faite par M. le juge et le prévôt de M. le duc, ez maisons de ses amis, jusques à faire ouvrir les coffres et lieux plus secrets après criée publique avec fortes peines aux receleurs ; mais, nonobstant tout, il sortit de la ville publiquement.

Un pauvre prisonnier, nommé Jacques Toulouze, d'Olomiac, après réfugié à Saint-Amans, convaincu de deux meurtres commis, voulant se couler aussi le long de la corde, tomba à terre et se froissa le bras ; il fut à l'instant reprins et conduit aux dités prisons.

Durant ladite assemblée, n'advint aucun désordre, bruit ni querelle dans la ville, comme il advient souvent ; ains les choses se passèrent paisiblement quoiqu'il y eût grand nombre de catholiques à la suite du duc ; car avoit-il exhorté et défendu, sous peine de la vie, à tous ses gens de n'offenser personne. Aussi furent-ils reçus gracieusement des habitans et recommandés de tout ce que l'on put, dont ils se louoient fort.

Les ecclésiastiques et catholiques de Castres présentèrent requête au duc pour faire remettre la messe et leur service en ladite ville, requérant garnison de soldats catholiques pour leur seureté. Le premier point leur fut accordé et le second dénié, le duc leur ayant répondu qu'ils n'avoient jamais été offensés par ceux de la Religion, pas mêmes lors que, en quelques troubles, ils étoient tombés en leur pouvoir, et que, puisqu'il se fioit d'eux, ils le pouvoient aussi bien faire. Suivant cela, ils firent dire leurs messes et prêcher par un jésuite aux ruines de Saint-Benoît et à la maison des Chantres joignant. Les s⁰ˢ Jean Donnadieu, Etienne et Pierre Boissière, Jean Chauderon, Olivier et plusieurs autres les suivirent, et, pour faire nombre, mandoient aux paysans et autres catholiques circonvoisins de s'y trouver, comme ils firent en grand nombre. Les catholiques et ecclésiastiques firent grande insistance auprès

du duc à ce que le temple de Villegoudou, que ceux de la
Religion avoient acheté pour mille livres, leur fût baillé. Le
duc ne le leur voulut accorder, ains les tança de ce que depuis
si longtems ils n'en avoient bâti un autre, vu les moyens et
places qu'ils avoient en ladite ville, disant en outre que ledit
temple avoit été autrefois plaidé devant Me Molé, conseiller du
roi, et un des commissaires députés pour l'exécution de l'Edit
de pacification, en l'an 1571, et adjugé à ceux de la Religion
réformée, vu son achat (1).

Le Roy de Navarre ayant vu et visité les environs de Castres
en chassant, comme il y étoit fort affectionné tous les jours,
quelque mauvais temps qu'il fît, trouvoit ce pays fort plaisant et
délectable, et parce que le jour de son entrée la compagnie des
soldats de la ville n'avoit pu, obstant les pluyes violentes et
grêle, faire le salut de l'arquebuzade, quand il alloit à la
chasse, ladite compagnie y alloit aussi, le côtoyant et donnant
récréation à S. M. En quoi il print grand plaisir et délectation.
Monseigneur le prince de Condé et le sieur duc l'y accompa-
gnoient et ne laissoient rien à prendre de volaille et gibier, à
cause du grand nombre de chiens et oiseaux qu'ils menoient.

. Comme ils étoient en résolution de séjourner à Castres tout
le mois de mars et d'avril, nouvelles survindrent aux princes et
duc de Montmorency, le samedi 23 mars, que furent tenues fort
secrètes entre eux, lesquelles furent cause de fâcherie et tris-
tesse comme l'on connut le dimanche, au prêche, à la contenance et gestes du Roy de Navarre qui en étoit tout troublé et
tellement ému que, le lendemain lundy, 25e dudit mois, ils partirent de la ville, et chacun print son chemin. Le duc accom-
pagna le Roy de Navarre jusques à mi-chemin de l'Albinque
et, s'en revenant dîner, s'en partit après icelui et alla coucher
à Saint-Amans.

En prenant congé des consuls et principaux hommes de la
ville, tels que les sieurs de La Garrigue et de La Grange, le
Roy de Navarre et le duc de Montmorency, leur déclarèrent
en secret plus savamment leur intention. Le Roy remercia la
ville du bon accueil que l'on lui avoit fait, fit offres de sa faveur

(1) Voir *Mém. de Gaches*, p. 109 et 300.

et moyens qu'il employeroit pour elle, et s'en souviendroit à
l'avenir ; les priant, au surplus, de se contenir en paix et amitié
les uns envers les autres, mettant fin à toutes partialités et
divisions, qu'il avoit entendu exister entre les habitants, se
servant et entretenant les Edits de paix, et, sur tout, faisant
bonne garde contre les surprises.

Le duc, à son départ, fit presque mêmes remonstrances, y
ajoutant que l'on n'empêchât les ecclésiastiques en l'exercice de
leur Religion. A ces fins fut dressé criée portant inhibitions
de ce, et il pria les magistrats et officiers de la faire proclamer
après son départ ; et, pour la fin, que l'on fît bonne garde pour
éviter les surprinses, offrant sa faveur et moyens.

La criée ordonnée par le duc, de n'empêcher les ecclésiastiques en l'exercice de leur religion, fut publiée le lendemain du
départ desdits sieurs Princes (1).

Les nouvelles reçues par le Roy de Navarre, cause de son
départ, étoient que le duc de Guise étoit en armes avec une
puissante armée, pour sommer le Roy de France de sous-signer
aux décrets du Concile de Trente, et qu'advenant sa mort, il eût
à déclarer un successeur catholique ; et que l'on avoit voulu surprendre La Rochelle, Saint-Jean-d'Angély et autres villes, en
son gouvernement de Guienne, pour les réduire à l'obéissance
du duc de Guise qui se disoit protecteur élu par le Pape pour
les églises catholiques du royaume, lequel bruit tomba depuis,
voire que, en France, avoit été rapporté au roy, notre sire, que
le roy de Navarre avoit été tué à Castres en allant à la chasse.
Ces bruits de guerre furent cause que le synode national,
dénoncé par le synode tenu à Castres, fut remis à une autre
saison, parce que les ministres de Guienne, ni ceux des autres
provinces de France, n'eussent pu s'acheminer.

Il a été dit ci-dessus comme M. le duc de Montmorency se
voyant avoir l'entière autorité en son gouvernement de Languedoc, avoit fait quitter Montréal, La Bessède, Olargue et
autres lieux que ceux que l'on appelloit les voleurs de la Religion
avoient saisis, et fait cesser les courses et actes d'hostilités qui
se commettoient, sous ombre des différents du gouvernement,

(1) Le 26 mars 1585.

La garnison de Montréal étoit principalement composée des habitans de la ville d'Aleth, lesquels après la surprinse dudit Aleth, advenue depuis deux ans, s'en étant sauvés, avoient surprins Montréal pour leur retraite. Iceux ayant quitté Montréal s'étoient retirés à Brugairolles et autres villages de la Religion attendant qu'ils fussent remis en leurs maisons et habitations à Aleth. Ce que poursuivant, le duc envoya un de ses secrétaires pour commissaire à cet effet, lequel s'achemina audit Aleth. Ce dernier jour de mars, ayant fait entendre sa charge à ceux d'Aleth. Il y remit le capitaine Beulaigue, fils de la ville, et 25 ou 30 enfants d'icelle lesquels, en tout avec quelques autres leurs amis de Montréal, faisoient nombre de 60 personnes, lesquels furent reçus assez bénignement pour ce jour. Mais le lendemain, sur le midy, comme chacun d'iceux accommodoit sa maison, de ce que y défailloit pour y habiter, assistés dudit commissaire, ils virent sortir de toute parts, des maisons et caves des catholiques, une grosse troupe d'arque buziers, lesquels s'étant soudainement saisis de la porte de la ville, vont courir à troupes par les maisons tuant tous ceux de la Religion qui s'y étoient remis. Le commissaire, qui étoit à la maison du capitaine Beulaigue, prêts à monter à cheval pour aller en quelque village prochain en rétablir quelques autres à leurs maisons, effrayés d'ouir tel bruit, accoururent à la porte pour voir ce que c'étoit. Soudain Beulaigue aperçu, l'on leur cour sus à coups d'arquebuzades, si qu'à difficultés ils se sauvent dans sa maison, à laquelle, pensant se garantir, le feu fut aussitôt mis à la porte et la maison forcée, ledit Beulaigue massacré et le commissaire, qui fut reconnu pour catholique par quelques-uns de la troupe, sauvé. Tous y furent tués hormis un de Roquecourbe, nommé Noël, qui fut fait prisonnier et mené à Limoux. Trois ou quatre autres dudit Roquecourbe, qui avoient demeuré en garnison à Montréal, furent aussi tués. Noël fut depuis exécuté à mort par forme de justice. Les familles des meurtris n'y avoient été conduites encore, l'on pense que tout eût été égorgé. Le commissaire fut contraint faire procès-verbal chargeant ledit Beulaigue et autres d'avoir voulu s'emparer de la ville ; mais, dès qu'il fut arrivé à Carcassonne, il fit déclaration du contraire.

Le bruit fut que les habitans d'Aleth n'eussent osé commettre un tel et si détestable massacre en temps de paix sans se sentir soutenus par le duc de Joyeuse, le fils duquel est évêque du lieu. Ceci fut exécuté le premier jour d'avril audit an.

Les consuls de Bruguairolles, proches voisins d'Aleth, en donnèrent avertissement à ceux de Castres, lesquels envoyèrent en diligence homme exprès au duc de Montmorency pour l'en avertir, et, par autre voye, au roy de Navarre. Le duc fit réponse qu'il avoit dépêché en poste au roy notre Sire pour l'avertir de cet excès, et savoir, sur son bon plaisir qu'il affectionnoit, s'il faisoit justice exemplaire des coupables, donnant avis de faire bonne garde. Le roy de Navarre promit de même et écrivit audit sieur duc d'y faire son devoir, réitérant de faire bonne garde.

Monsieur le vicomte de Turenne écrivit aussi à Castres la surprinse de Bourg, près de Bordeaux, et autres villes, faite par les partisans du duc de Guise, et l'armée qu'il avoit dressée en Champagne s'achemina à Paris.

Le bruit que le roy avoit été tué à la chasse après son retour de Castres, s'accrut parmi les catholiques, aucuns desquels croyoient qu'il y avoit quelque conspiration pour ce faire, comme aussi le roy, notre Sire, l'en avertit, afin qu'il se tint sur ses gardes, ainsi que des desseins du duc de Guise dont aussi il y avoit nouvelles de toutes parts.

Il a été dit, ci-dessus, comme après que M. le duc fut paisible en son gouvernement, il avoit fait quitter les forts tenus par ceux que l'on disoit voleurs de la religion. Et même, quant au fort d'Olargue, près Saint-Pons de Thomières, il écrivit aussi à Castres la surprinse qu'en avoit fait un nommé le capitaine Pierre, auparavant serviteur de Peyrusse, sieur de Boissezon, qui l'avoit muni et fortifié de toute sorte de munition de guerre pour soutenir un siège, et lequel Olargues avoit été si bien pillé, volé et rançonné, au commencement, que Pierre avoit en bourse cinq ou six mille écus et, en autres meubles, une valeur presque d'autant. Il avoit si bien ravagé et pillé les affaires que, volontairement, tous les environs lui contribuoient argent et vivres et même ladite ville de Saint-Pons, La Salvetat, tellement qu'il étoit devenu tout autre qu'il n'étoit au commencement, savoir de tenir paisibles et sans fâcheries ceux qui contribuoient, se faisant fort honorer et respecter. Bref, c'étoit un train, non pas d'un Monsieur, comme il se faisoit appeler; mais d'un grand seigneur enrichi du sang et substance du pauvre peuple par cruautés énormes commises en l'endroit des prisonniers qui lui tomboient en main, qu'il faisoit foueter incontinent être arrivés à Olargues et tous les jours les battoit d'étrivières, les tenant à une basse fosse parmi la fange et ordures où ils étoient jusques à demi-jambe, avec la puanteur de la fiente des soldats qui se servoient de ladite fosse comme retrait, par un trou qui y descendait. Ainsi ces pauvres prisonniers, écorchés de coups de fouets et étrivières, languissaient de faim et de misère, jusques qu'ils eussent payé excessive rançon. Plusieurs y moururent accablés par ces cruautés. En somme, les Turcs n'eussent jamais usé envers les chrétiens de si barbares traitemens. Les prisonniers que les voleurs qui se tiennent ez montagnes du diocèse (Réalmont, Lombers et environs de Castres), prenoient, étoient mêmes conduits et mis à la rançon audit Olargues. C'étoit une vraye spélonque et caverne de tels méchans, jusques sur la fin où il étoit devenu plus modeste, étant en perplexité. Le sieur de Boissezon étant allé à Olargues par mandement du duc, le capitaine Pierre présumant qu'on le voulût déposséder du lieu, lui refuse l'entrée et tient quelques propos fâcheux à son maître, lequel fut contraint se retirer, irrité merveilleusement de ces refus et paroles. Au bout de quelque temps, quelque réconciliation fut faite. Pierre ignorant que la playe ou l'injure faite à un gentilhomme saigne 100 ans, — comme dit un malheureux proverbe en ce pays, — se fiant en cette réconciliation, ne se souvenant, dis-je, du passé, s'achemina vers Boissezon, distant du dit Olargues deux lieues, pour aller présenter à baptême un filleul qui lui avoit été donné tout exprès pour l'attirer. En la compagnie de quelques soldats de la garnison, il arrive à Boissezon. Il va faire sa révérence au dit seigneur en son château, et, laissant sa compagnie au village, entre dedans. Il y est bien reçu, par semblant; mais pendant qu'il étoit à table pour prindre son repas, il est soudain saisi, dévalisé de ses armes, et aussitôt, ses desseins reprochés, est meurtri à coups de dague, en présence du sieur de Boissezon,

par un nommé Foche, maître de palestre (1), allemand, voleur
insigne et meurtrier enragé de la suite dudit seigneur, nonobstant les remonstrances et excuses du capitaine Pierre qui, avec
repentance, imploroit l'aide et secours de Dieu témoin de la
réconciliation, priant à mains jointes ledit sieur d'avoir pitié de
lui et se souvenir de sa promesse ; mais rien ne lui servit.

Ce meurtre cruel et inhumain ainsi perpétré par mauvais
conseil, le sieur de Boissezon monte soudain à cheval avec quelques autres soldats desquels il est toujours accompagné, tels
que ledit Foche. Il s'achemine à diligence à Olargues où le frère
du capitaine Pierre, sachant son arrivée et cuidant que son
frère fut avec lui, en est merveilleusement joyeux et se met en
tout devoir de le bien recevoir. Mais, dès qu'il fut dans Olargues,
comme Pierre lui demandoit où étoit son frère, le sieur de
Peyrusse, en grand colère, lui dit qu'il estoit prisonnier à Boissezon et lui commanda de vuider la ville avec tous ceux qui le
voudroient suivre. Ce fut à l'instant exécuté ; et aussitôt ledit
Peyrusse se saisit et s'empare du logis et richesses dudit capitaine Pierre, et les fait transporter à Boissezon. Puis, ayant
changé la garnison et pourvue d'un autre chef, s'en retourne (2).
Depuis, cette nouvelle garnison commit beaucoup plus de maux
que n'avoit fait l'autre auparavant, jusques à ce que le duc de
Montmorency ayant commandé quitter la ville, la garnison
vuida moyennant quelques sommes de deniers que le diocèse
de Saint-Pons donna pour étrennes au sieur de Boissezon,
ayant réservé la citadelle avec 30 soldats de garnison payés par
le diocèse. Voilà comme la méchante vie du capitaine Pierre
fut punie par une extrême méchanceté, en laquelle, toutes fois,
le jugement de Dieu se manifesta évidemment.

Le capitaine Bacou ci-dessus nommé, en usoit de même aux
lieux de Brassac et de Roquefère où il pilloit, rançonnoit et
meurtrissoit qui bon lui sembloit sous ombre qu'il avoit Brassac
et Roquefère avant l'accord ; desquels, il faisoit, comme l'autre,
spélonque de brigands et voleurs, comme lui infracteurs de paix

(1) C'est-à-dire, sans doute, professeur de gymnastique ou d'escrime.

(2) Ce furent Mataret, de Pézénas, et Alizou, d'Olargues, qui commandèrent ces nouvelles troupes, d'après le *Journal de Charbonneau* publié par
Germain, Montpellier, 1874, p. 28.

et ennemis de toute société humaine. Il fit prendre prisonnier
un nommé Joachim Serres, dit Mafarot, riche paysan de l'Alba,
en la terre du Bez, au sortir de Brassac. Et comme on l'avoit
blessé en le prenant, il le fit, de nuit, monter par une échelle
au château de Brassac où il mourut et le fit enterrer à la fénial,
et delà, se voyant découvert, le fit ramener à un jardin, tour-
mentant ce pauvre corps vivant et mort. Ces actes cruels et
inhumains, avec les blasphèmes et reniemens qu'il proféroit,
irriteront sur lui l'ire de Dieu qui en faira justice en son temps.
Le dit Bacou sentant l'arrivée du roy de Navarre à Castres,
gagna au pied vers le pays-bas (1) et n'osa venir à Castres, craignant que Sa Majesté en fit faire justice, comme il eût fait. La
venue du roy de Navarre et l'assemblée des princes et du duc
firent cesser les courses et ravages des voleurs, pour quelque
temps.

Le sieur duc de Joyeuse séjourna à Carcassonne tant que les
princes furent à Castres ; mais étant averti de leur départ, il s'en
retourna en diligence à Narbonne tant pour ne tenir en cervelle
Castres et autres villes de la Religion (s'il y eût demeuré plus
longuement) que pour couvrir aussi un dessein qui se tramoit
pour surprendre la dite ville de Castres.

Les ecclésiastiques ayant été licenciés de faire leur service,
le continuoient de grande volonté, et, nonobstant les nouvelles
du massacre d'Aleth perpétré, comme a été dit, sur ceux de
la Religion, ne s'étonnoient point, ains tenoient plusieurs
propos, que la messe demeureroit à Castres et ceux de la
Religion en seroient chassés. Ces mêmes propos se continuoient
dans toutes les villes circonvoisines avec menaces de bientôt en
voir les effets. Plusieurs catholiques s'introduisoient à Castres
sous couleur de venir ouir la messe ; grosse assemblée de gens
de guerre se faisoit à Lavaur où maître Jacques Massé, le moteur
des entreprises qui se dressoient contre Castres, étoit, y ayant
sa fille mariée, mademoiselle sa femme étoit à Castres (2). En

(1) C'est-à-dire le bas Languedoc, où Bacou se faisait appeler : M. de Brassac (Charbonneau, p. 27).

(2) V. sur cette famille : *Mém. de Gaches* ; p. 224, note, et un *Rapport* in-
téressant, publié par M. l'abbé Douais dans les *Mémoires de l'Ac. des Sc.
l. et B. L. de Toulouse* 1891.

somme, il y avoit grande apparence que cette pauvre ville eût été surprinse, et l'on ne pouvoit découvrir les moyens ; ce qui tenoit les habitans en grand perplexité, ayant nouvelles de toutes parts que entreprinse se devoit bientôt exécuter. Mais voyez, comme l'on étoit en ces doutes, notre bon Dieu, par sa sainte providence, découvrit miraculeusement les moyens que l'ennemi avoit pour parvenir à ses fins.

L'exécuteur de la haute justice, nommé Raymond, natif d'Ambres, homme robuste et puissant, avoit souvent travaillé aux réparations des fossés de Castres, à tracer et rompre les rochers qui y étoient, et de longue main avec les autres travailleurs que la ville y tenoit. Celui-cy, gagné par promesses de l'ennemi, le vendredy 5 et le samedy 6 avril 1585, vint arracher les traillis et barres de fer du grand cloaque ou douat correspondant au fossé de la ville, à l'endroit du coude de l'évêché, par où les eaux pluviales de la ville s'écoulent dans icelui fossé. Comme il y travailloit, un samedi que la porte neuve, prochaine d'illec, étoit fermée et celle de l'Albinque ouverte, il est aperçu par Guion Alquier, couturier, et un autre de la ville qui jouoient aux boules sur la muraille. Il examinèrent curieusement la besogne de Raymond lequel à mesure qu'il travailloit, tenoit souvent la tête deçà et de là, regardant vers la muraille pour voir s'il n'y avoit personne qui y print garde. A ses façons d'agir, ils jugèrent qu'il faisoit là quelque méchanceté. Ils y prindrent garde de plus près, et soudain l'un d'eux s'en va avertir les consuls qui le vont attendre à la porte de l'Albinque. Comme il y arrive, interrogé d'où il venoit, il répond : de quérir quelques herbes pour faire quelque drogue. Enquis ce qu'il faisoit au fossé, il confesse avoir tiré les traillis pour les vendre et s'en aider. Là dessus, il est mené en prison et mis ez mains de M¹ M⁰ᵉ Antoine Laeger, juge de Castres. Oui et reoui, il dit de même. Il avoit laissé les barreaux dans un blé, et l'on présume qu'il l'avoit fait expressément, afin que ceux qui viendroient reconnoître le trou trouvassent les enseignes de cette besogne.

Le bruit ne fut pas plutôt divulgué par la ville (et il fut grand comme il advient dans un peuple alarmé), que Pierre Boissière, dit Penchénèry, un des principaux catholiques de Castres, et

la demoiselle de Massé vuident la ville le lendemain et se retirent, comme firent peu après les ecclésiastiques, s'en allant
avec la messe et leur service, voyant la trahison découverte.
Pareillement l'assemblée de Lavaur se despart.

Deux jours après, l'entreprinse fut plus avant découverte.
Car les consuls ayant fait entrer dans la ville, par ledit cloaque,
Jean Bélier, portier de Villegoudou, et Darde Daydé, menuisier,
à l'endroit de l'hôpital où il commence, à grand peine et difficulté purent-ils aller jusques à la sortie d'icellui correspondant
audit fossé ; tellement que ledit Bélier et Darde furent malades
pour la froideur qu'ils endurèrent dans le cloaque qui a plus
de 60 ou 80 pas de longueur, et un homme avec arme n'y pourroit passer. On eut présomption que l'ennemi vouloit mettre
à ce trou quelques caques de poudre pour faire sauter la muraille : étant facile parce que l'eau n'étoit dans le fossé et que,
dans la ville, y devoit avoir gens cachés pour se saisir d'une
porte au coin de muraille et donner entrée par là à la grosse
troupe. Le peuple murmuroit fort de ce que promptement Raymond n'avoit été questionné pour savoir la vérité du tout, et se
comporta fort lâchement, soubçonnant le juge, comme il l'avoit
fait autrefois (1), de ne vouloir virilement délivrer la ville d'un
si extrême danger, que nôtre bon Dieu découvrira, s'il lui plaît,
par sa grâce, en son temps.

Pierre Boissier avec ledit Massé, ez troubles de l'an 1576 et
1577, avoient dressé contre la ville de Castres deux ou trois
trahisons et entreprises auxquelles ils se trouvoient en personne
et étoient avertis de tout ce qui se faisoit par ladite demoiselle
de Massé qui, pour sauver leurs biens, rentroit paisiblement
dans la ville. Aussi, par arrêt de la Chambre souveraine, lors
établie à Castres, ils furent par défaut condamnés à être pendus
et leurs biens confisqués ; tellement que la fuite de Boissier,
après l'emprisonnement de Raymond, faisoit croire qu'il trem-
poit à icelle trahison. En quoy il se montroit ingrat, car il avoit
été reçu dans la ville et traité humainement deux ans avant,
lors que par crainte du sieur de La Crouzette, vuidant La Bru-

(1) Au sujet des griefs des Castrais contre le juge de Laeger, voyez les
délibérations du Conseil du 1er octobre 1574, du 9 juillet 1575, etc. (Arch. de
la ville de Castres.)

guière, il s'y étoit retiré avec sa femme et famille. Son père aussi se rendit traitre au commencement des troubles de l'an 1562. Il voulut livrer la ville au sieur d'Ambres ; mais il fut découvert au mois d'avril (1).

Presque tous les jours il y avoit messages du roy de Navarre au duc de Montmorency et dudit sieur à Sa Majesté. Ils écrivoient aussi aux consuls et officiers de Castres, touchant les assemblées en armes qui se faisoient en aucunes provinces en faveur du duc de Guise contre l'Etat du roy, notre Sire, et du royaume, mandant toujours de ne bouger ni s'émouvoir ; ains faire bonne garde. Le Roy manda au duc une copie de la déclaration faite par Monsieur le cardinal de Bourbon du droit qu'il prétendoit à la succession de la couronne, en occasion de la prinse des armes faite par lui et le duc de Guise vers lequel s'étoit retiré ledit cardinal qui avoit eu dispense du pape de se marier; et que ledit sieur de Guise lui vouloit faire épouser sa sœur, veuve du duc de Montpensier. Du tout, le duc de Montmorency envoya copie à Castres, avec déclaration que le Roy avoit faite sur icelle, ensemble une lettre que le sieur de Vins, gentilhomme de Provence, écrivoit aux M^rs du parlement d'Aix, contenant l'occasion de la prinse des armes, se déclarant être du party de ceux de Guise avec trente mille hommes catholiques, qui, disoit-il, seroient en armes, le 5me d'avril.

La somme des écrits et protestations des sieurs cardinal de Bourbon et de Guize, contenoit qu'ils étoient constrains de prendre les armes pour réduire le royaume de France à ce qu'il n'y eût que la religion catholique romaine, suivant les décrets du concile de Trente, et en exterminer toutes les hérésies, remettre les grands et nobles aux Etats, honneurs et dignités desquels Sa Majesté, conseillée par aucuns mal affectionnés à son Etat, avoit permis qu'ils fussent déchus ; et à diminution les impôts, subsides et tailles qui étoient excessives, immenses et employées à mauvais usage ; et à ce que la couronne, advenant le décès du Roy, ne tombât en autre prince que catholi-

_____

(1) Sur Pierre Boissier, dit Penchénéry, marchand de Castres, et sur ses menées avec le baron d'Ambres, voyez : *Recueil d'actes...*, par L. Barbaza, Castres, 1890, p 103 et suivantes. — Boissier était enseigne de la compagnie du capitaine Guillaume Tournier, en 1565 (*Journal de Faurin*, p. 10 et 32).

que. En quoi ils promettoient employer leurs biens et vies.

Pendant ces bruits et tumultes de guerre, ceux qui venoient de la Cour rapportoient que le Roy pourvoyoit soigneusement à la garde de la ville de Paris, ayant changé beaucoup d'états et offices de ladite ville, le prévot de Paris et quelque échevin, quarteniers et autres gens suspects, et, à leurs places, mis gens à lui francs ; que l'intention de S. M. étoit de faire entretenir ses droits de pacification, résister fort et ferme aux desseins des cardinal et duc de Guise, ayant mandé au sieur de Matignon, maréchal de France, gouverneur en Guienne, d'assembler gens, à tous les sénéchaux d'assembler le ban et l'arrière-ban. En somme, le tambourin sonnoit par tout le royaume, ou de son mandement, ou de celui du cardinal et duc de Guise. Ce qui toutes fois tenoit ceux de la Religion réformée, en ce pays de Languedoc, fort ébahis. Tous les mandemens qui venoient du roy de Navarre et du duc de Montmorency portoient de faire bonne garde sans se bouger n'y s'émouvoir autrement. Cependant, les catholiques dressoient leurs compagnies partout, auxquelles n'étoient reçus aucuns de ceux de la Religion.

Le roy de Navarre s'achemina lors à Bergerac et conféra avec ledit de Matignon en quelque ville illec près. Monseigneur le prince de Condé se retira à Saint-Jean-d'Angély. A Bergerac, le roy de Navarre tint quelque assemblée avec aucuns gentils-hommes de la Religion, au mois d'avril, où le sieur du Villa fut envoyé pour la ville et diocèse de Castres.

Les écoliers de Castres qui étoient étudians à Bordeaux s'en revindrent, causant ces tumultes, rapportant que, à Bordeaux, les habitans faisant profession de la Religion y étoient en grand craintes, et commençoient à vuider et se retirer où ils pouvoient.

En Provence, il y avoit des grands remuemens, tellement que la ville de Marseille s'émut par les menées du second consul et de quelque capitaine de la ville, et y firent massacre de 6 ou 7 de la Religion. Ces deux étoient les chefs de la Ligue de Guise en ladite ville. Le gouverneur du pays, qui étoit le chevalier d'Angoulême, fils naturel du feu roy Henri, étoit allé à Aix pendant ce meurtre ; étant de retour à Marseille, le même peuple s'émut contre ceux de la Ligue, tellement que le gouverneur, à leur faveur, fit exécuter à mort les consuls et capitaine, comme rebelles au roy, voulant rendre la ville à l'Espagnol, ayant déjà dans le port trois galères pleines d'espagnols pour s'en saisir.

Le sieur de Cornusson, sénéchal de Toulouse, revenant en poste de la Cour, ayant commission du roy, commence à faire dresser compagnies de gens de guerre aux environs de Toulouse, Albi et Gaillac pour le service du roy.

Monseigneur le duc de Montmorency écrivit aux magistrats et consuls de Castres, d'assembler les églises du pays pour pourvoir à leur conservation, comme on faisoit au pays bas par sa permission et de retenir toute nature de deniers des impositions pour les employer aux affaires du service du roy.

Suivant de là, les habitants de Castres commencèrent à se fortifier et continuèrent les réparations du fossé de Merdance, y faisant travailler les paysans, et mandèrent l'assiette du diocèse au premier de may. Quant aux deniers, maître Antoine Laeger, juge, et Antoine de l'Espinasse, syndic du diocèse, dirent de bouche à Bernard Bonafous, fermier de l'Equivalent, qu'il seroit bon de garder encore les deniers qu'il avoit en main, du quartier passé. Ce qu'il leur offrit, à la charge seulement que de l'Espinasse, au nom du syndic, lui fit promesse que, au cas qu'il serait vexé par les receveurs généraux ou leurs commis, on lui donneroit dépends que ce seroit sur le diocèse. De l'Espinasse ne le voulut faire, ni le juge aussi le lui persuader ; et Bonafous fut contraint envoyer l'argent à Toulouse, étant pressé par les commis, ce que ledit Bonafous attesta être ainsi, par serment, à la porte de Villegoudou, le jeudy 25 avril, en présence de Raymond Prat, capitaine sepmainier, des capitaines Molinier, Corbières, M. La Pomme, Jean Valéry vieux, Me Etienne Valéry et plusieurs autres.

Ledit jour de jeudy, Jean Bissol, consul, fit sortir 58 charges et 6 charrettes blé à Villegoudou, jaçoit que le sieur Pierre Gaches, premier consul, c t commandé lui-même de l'empêcher. Sur quoi, étant remontré à Bissol le grand mal que en pourroit advenir en supposant que l'armée vint en ce pays et fît un dégât, et qu'en nécessité les soldats iroient prendre du sien, en sa maison, pour s'en alimenter, il dit lors, en grand colère, que s'il savoit cela, il mettroit plutôt le feu à sa maison, et bruleroit tout. Présents, Olivier Lucas, consul, Prat, Etienne Valéry et plusieurs autres.

Le lendemain fut tenu quelque conseil, à l'issue du temple, où fut arrêté, suivant un autre conseil tenu 5 ou 6 jours auparavant à la maison commune, qu'il se fairoit magasin de blé. Ramond Paylau promettoit en recouvrer mille septiers, M. le juge de même dit qu'il en fairoit venir, de la Caze-de-Sénégas, 4 000 mille septiers ; mais tout cela n'étoit que parole. Cependant journellement les consuls permettoient la sortie du blé qui se portoit vers Narbonne, Carcassonne, voire à Castelnaudary, ce que les adversaires faisoient tout exprès pour nous ôter les provisions ; et quoi que l'on le racontât aux consuls, l'avance méchante les empêcha de y pourvoir.

Les catholiques paisibles étoient fort étonnés de ce remuement et levée d'armes, et ne pouvoient croire que ce ne fut une partie toute faite pour exterminer du tout ceux de la Religion. Ils doutoient de l'intention de Sa Majesté et craignoient que une fois les armes dressées, ne se unissent pour se ruer en ce pays et en la Guienne, vu qu'ailleurs il n'y avoit ville où l'exercice de la religion fût, au delà la rivière de Loire ; dont ils advertissoient ceux de leurs parens, alliés ou amis qu'ils avoient de la Religion, leur rappelant les exemples du passé. Au contraire, les papistes factionnaires (1) le disoient tout haut et sans rien déguiser et s'en tenoient tous résolus ; mais ceux de la Religion ne se le pouvoient persuader, vu les promesses si souvent réitérées par S. M. et que le roy de Navarre, prince de Condé et autres grands seigneurs les en assuroient aussi. Tout considéré, vu aussi qu'il leur étoit mandé de ne bouger, se trouvant en ces extrémités et angoisses, voyant bien d'ailleurs que s'il en étoit ainsi il étoit impossible par moyens humains d'y remédier, les églises, suivant en cela les anciennes coutumes de la primitive église et des anciens pères et patriarches, résolurent de publier un jeûne (2), afin que, par prières à Dieu, il lui plût montrer sa

---

(1) Factieux.

(2) De son côté, à la même date, le parlement de Toulouse rendait un arrêt dans le même sens, disant : « La cour jeûnera pendant trois jours, fera des aumônes et communiera... » (Arch. du P. de T. B. 93).

gloire à la délivrance d'icelles, comme il avoit fait souvent, mêmes de notre temps depuis l'an 1562 que les tumultes et guerres civiles commencèrent en France ; d'autant aussi, que c'étoit sa propre cause qu'il auroit en recommandation sans avoir égard aux iniquités. Suivant cette sainte résolution, des prières publiques furent célébrées à Castres, le lundy 30 avril 1585. Le seigneur Dieu veuille exaucer les prières des siens.

Le seigneur du Villa retourna du voyage de vers le roy de Navarre ledit jour avec lettres de créance de Sa Majesté, datées de Bergerac, le 25 d'avril, contenant la créance. que, en attendant la volonté plus ample du roy, notre Sire, qu'il espéroit bien tôt, l'on se fortifiât et munit de toutes choses requises pour la défense des villes, tenant toutes choses prêtes, sans toutes fois bouger ni s'émouvoir autrement, et que l'on obéit au duc de Montmorency vers lequel aussi il envoyoit hommes exprès qui partoient le même jour.

Le premier may 1585, le duc de Montmorency écrivit à MM. les consuls et magistrats de Castres, envoyant commission expresse pour faire provision d'armes, chevaux et autres munitions de guerre, pour résister aux ennemys du roy qui s'assembloient sans permission de S. M. ez pays de Provence et de Dauphiné, avec clause de y contraindre toutes personnes comme pour les propres affaires du roy, datée du 29 avril.

Le Conseil général de la ville fut assemblé le lendemain et résolut faire munition de bleds, poudres, salpêtres et se fortifier à bon escient et de contraindre un chacun d'avoir bled pour un an (1).

L'assemblée du diocèse, et de Saint-Pons et Albi, commença à Castres, pour le même effet, ledit jour, où se trouva la noblesse du pays pour délibérer. Il fut arrêté d'imposer 4,000 écus sol pour employer en munitions et fortifications de Castres (2).

En la ville d'Albi, sur la fin d'Avril dernier, s'assembla aussi la noblesse catholique du diocèse d'Albigeois.

_____

(1) «... On fera grande provision de blé, 2 ou 3 mille sestiers, et pour ce, l'on s'adressera à M. le vicomte de Paulin et aux héritiers de M. de Lacaze et autres qui en ont grande quantité. . • (Arch. de la ville de Castres, reg. des déli. dés Cons. 30 avril 1585).

(2) Cette assemblée fut présidée par le juge de Laeger, par ordonnance de Montmorency, le 2 mai (Arch. du Tarn, C. 1017).

Nouvelles vinrent, en ce temps, que le sieur de Guise et ceux
de la Ligue s'étoient emparés de la Charité et du Château-Trompette de Bordeaux ; que le pape Grégoire XIII, chef de la Ligue,
étoit mort: que le duc Casimir étoit en armes pour empêcher
les Allemands de la Ligue d'entrer en France ; que les Etats de
Flandre avoient défait deux ou trois mille Espagnols sur la mer.
Le roy écrivit en ce temps à M. de Matignon, son lieutenant en
Guienne, de faire tout ce que le roy de Navarre lui commande-
roit. Matignon trouva moyen de parlementer avec le capitaine
du Château-Trompette qu'il manda venir en son logis à Bordeaux et à l'instant le fit prisonnier et, avec toutes les forces
dudit Bordeaux, assiégea ledit Château qui se rendit trois jours
après, et où il mit un nouveau gouverneur et changea la garnison.

A Toulouse, fut publié, en ce temps, un mandement du roy
portant exprès commandement à tous les gentilshommes,
sujets au ban et arrière-ban, de se trouver en armes à Paris, au
20 de may, sur peine de perte de leurs fiefs nobles et droit de
haubert, et défenses de ne lever compagnies sans expresse
commission de Sa Majesté.

Le sieur de Boissezon et le capitaine Ranc, de Rouergue,
ayant assiégé un fort nommé les Verrières, près Belmont, en
Rouergue, tenu par le capitaine Navarre et autres voleurs
catholiques qui faisoient mille maux atroces, ayant promesse de
gentilshommes catholiques, même du sieur de La Ginié, de ne
les favoriser en rien, se fiant en cela, mirent ledit siège, sans
autrement se fortifier ni remparer, comme est le devoir de la
guerre. Y ayant séjourné 3 ou 4 jours, le sieur de La Ginié
envoye un lièvre au sieur de Boissezon, par un soldat habillé en
paysan, pour explorer et découvrir quelle troupe y avoit à ce
siège, et l'ordre que y étoit tenu. Ce qu'ayant vu, La Ginié
ramasse quelque cavalerie et s'en va, le lendemain, charger sur
Boissezon et capitaine Ranc qu'il trouva sans garde. Le capitaine
Ranc y fut tué et 10 ou 12 autres, entre lesquels 5 ou 6 étoient
de la suite de Boissezon, lequel, à grand difficulté, se sauva
étant déjà enveloppé et au milieu des ennemis qui le pouvoient
tuer, mais le vouloient prendre vif. Ce fut une grande perte que
celle du capitaine Ranc qui étoit un vaillant homme et qui avoit

toujours bien fait, tant au voyage de Béarn, avec M. le comte de Montgommery, que aux troubles des massacres, tenant Saint-Rome, en Rouergue, et fort redouté des catholiques (1) Le siège fut rompu par ce moyen. Comme la ville de Castres se fortifioit, on tâchoit à recouvrer poudres et salpêtres de toutes parts. De Saint-Affrique venoient 3 charges de poudre et salpêtres; mais, chemin faisant, elles furent prises par le sieur de La Ginié; et une charge qui venoit du mas d'Azils fut prinse, à Viviers, par le sieur de Laurion. De quoi étant averti, le duc écrivit aux sieurs de La Ginié et de Laurion de les rendre à Castres, d'autant que c'étoit par son commandement et pour le service du roy qu'ils reconnoissoient.

Les temples de Saint-Martin de Lodiés, N. D. de Fargues, Saint-Martial, furent achevés de démolir en ce temps, et la pierre charriée à Castres avec celle du château de La Caze (2), pour employer à faire bastions dont les catholiques se fâchoient fort et en firent grand plaintes au parlement de Toulouse.

Au mois de may, le Roy écrivit au duc de Montmorency ce qui étoit advenu à Marseille et la fidélité des habitans à la conservation d'icelle, contre le consul et capitaine qui l'avoient voulu livrer à l'espagnol qui déjà avoit trois galères dans le port pour se saisir de la ville sous couleur d'en emmener M. de Nevers qui étoit à Avignon attendant l'issue de l'entreprinse; dont Sa Majesté étoit grandement esjouie, le priant d'en avertir les villes de son gouvernement, afin qu'elles lui fussent fidèles et loyales et qu'elles se munissent de toutes choses pour courre sus à ceux qui, sans exprès commandement, faisoient levées de gens. Il disoit que Marseille devoit être baillée pour gage à l'espagnol, en assurance de l'argent qu'il fournissoit au duc de Guise et à ceux de la Ligue.

Nouvelles vindrent de la Cour, en ce temps, que le duc de Guise tenoit en Champagne sept villes principales, comme

---

(1) Le cap. Ranc nous est inconnu. Il s'agit, peut-être, ici de Bertrand Franc, originaire de Teillet, qu'il est facile de confondre avec Antoine Franc, de Saint-Paul-Damiate, tous deux capitaines protestants. Nous retrouverons plus loin ce dernier.

(2) Ne pas confondre La Case épiscopal, près Castres, dont il est question, ici, avec La Caze-de-Sénégas. Les paroisses dénommées sont dans la commune de Castres.

Chaalons, Rheims, Mézières, Sainte-Ménéhoult et autres, qu'il avoit surprins Verdun, en Lorraine, par la trahison du clergé, et coupé la gorge à quatre compagnies des vieilles bandes que le duc d'Epernon y avoit mises ; que le duc du Maine tenoit Dijon et Mâcon, en Bourgogne, que le sieur d'Entragues, gouverneur de la citadelle d'Orléans, l'avoit remise ez mains des habitans qui tenoient pour la Ligue ; que le marquis d'Elbœuf en Brissac, faisoit levée en Bretagne, en Normandie pour la Ligue ; que la reine mère étoit allée trouver le duc de Guise à Chalons pour moyener les choses ; que la Ligue faisoit levée de 6.000 reistres, en vertu d'une vieille commission que le landgrave de Hesse, allemand, avoit mandé au roy qu'il ne se faisoit aucune levée en ce pays pour la Ligue ; que Schomberg y étoit allé faire levée de gens pour le roy ; que la reine n'annonçoit rien avec le duc de Guise, qu'elle se trouvoit fort aigrie contre la religion et le roi de Navarre ; que le cardinal de Bourbon commençoit à se reconnaître, disant avoir été surprins ; que le sieur de Joyeuse avec le sieur de Lavardin alloient combattre le marquis d'Elbœuf en Normandie ; que ceux de Lizieux avoient chassé la garnison dudit marquis d'Elbœuf, et que le roy d'Espagne, se voyant frustré de Marseille, ne fourniroit plus deniers à la Ligue, vu la perte de 32 grands seigneurs et 3.000 hommes qu'il avoit perdus fraischement au siège d'Anvers, en Flandres, en combat de mer, qu'étoit cause que le duc de Guise et ceux de la Ligue ne vivoient plus si modestement, comme au commencement, ains vexoient la ville d'impositions extrêmes qui leur diminuoient beaucoup de moyens ; qu'ils se saisiroient des deniers du roy tant qu'ils pourroient, et autres maux et calamités que le pauvre peuple souffroit. Le sieur de Carrouge, gouverneur de Rouen de mandement du roy, y fit vuider tout bellement les espagnols qu'étoient en ceste ville.

Le roy avoit envoyé M. le duc de Montpensier à Orléans pour pourvoir à ladite ville ; mais l'entrée lui fut refusée par le moyen du sieur Entragues, guisard, lequel non content de ce, comme le sieur de Montpensier se fut retiré à une maison prochaine de la ville pour coucher, lui fit tirer canonades à travers desquelles furent tués aucuns de ses gens. Il fut contraint s'en retourner, disant tout haut, comme a été su depuis, qu'il con-

noissoit bien que l'on vouloit exterminer la maison de Bourbon.
De là il s'achemina à Poitiers, y assemblant grandes forces
pour le service du roy.

Le sieur de Matignon, maréchal de France, faisoit amas de
gens de guerre en Guienne, pour le roy. Le maréchal de Biron
levoit cavalerie audit pays, et le sieur de Cornusson, sénéchal
de Toulouse, faisoit aussi levée de cavalerie à Rabasteins et
environs, pour s'acheminer devers Sa Majesté.

Le sieur de Mandelot, gouverneur de Lyon, écrivit en ce
temps au sieur de Montmorency qu'il s'étoit emparé de la
citadelle de Lyon, pour le service du Roy, lui mandant que
s'il avoit à faire des canons et munitions de guerre, il l'en accom-
moderoit. Plusieurs trouvoient étrange le fait dudit Mandelot, de
tant que M. le duc d'Epernon avoit donné la garde de ladite
citadelle à un gentilhomme de Gascogne, son parent, qui tenoit
pour le Roy. On n'en savoit que penser tant il y avoit des soub-
çons et défiances des uns et des autres, en ce temps.

Le sieur de Tournon écrivit au sieur duc qu'il avoit signé la
Ligue ayant été surprins, car n'entendoit que ce fut sinon contre ceux de la Religion et non à l'état du Roy, lui offrant toute
obéissance et service pour Sa Majesté.

Ceux de Nîmes, Usez, Montpellier, et autres villes du pays de
Languedoc se fortifioient en ce tems et travailloient jour et nuit
à réparer leurs remparts, et s'avitailloient de vivres et de munitions.

La ville de Fijac, au Haut-Quercy, où commandoit pour le
roy de Navarre, comme ville d'otage, le capitaine La Meausse,
vieux capitaine et de grande expérience, natif du Poussin (1),
en Languedoc, étoit fort ennuyé des catholiques factionnaires
de Rouergue, lesquels étant assemblés avec les circonvoisins

---

(1) Les Mémoires de Gamon *(Pièces fugitives)* disent qu'Antoine de La
Vaisserie était sgr de Meausse, près Montmirel, en Quercy ; mais on ne savait
pas que ce personnage fût né à Poussan (Hérault). — Meausse ou La Meausse,
gouverneur d'Annonay en 1574, et de Figeac dès 1577, fut reconnu et main-
tenu dans cette dernière ville par Henri III dans son *Instruction au s. de
Rambouillet*, du 31 août 1579 publiée dans la *Revue rétrospective* de Tas-
chereau (1833-1838, 20 vol. in-8º), tome XI, p. 126. — D'Aubigné rapporte de
lui de courageuses réponses à la reine, Catherine de Médicis (*Hist. univ.*,
tome V, p 361, édition de Ruble, pour la Soc. de l'Hist. de Fr.).

et la voulant surprendre, furent surpris par La Meausse, qui en
laissa entrer jusques à 160 dans la ville où tous furent taillés
en pièces; ce fut au mois d'avril dernier. Peu de jours après,
Caussade faillit à être prins d'escalade. Huit soldats y furent
tués dans les fossés et 18, qui s'étoient endormis à une métairie,
étant trouvés le matin, furent tués par ceux de la ville. D'autre
côté, il y avoit entreprise sur Marvejols, en Gévaudan, à quatre lieues de Milhau, menée par les catholiques factionnaires
du pays lesquels ayant attifé un soldat habillé en paysan conduisant une charrette chargée de genêts et huit soldats armés
cachés dedans, devoient surprendre la porte de la ville peu
après l'ouverture, le matin. Une embûche illec prochaine devoit
accourir au secours. Quand la charrette fut fort proche du
pont-levis, un soldat de la garde demanda au bouvier ce qu'il
portoit, il répond : vous le voyez bien, et marchant toujours
avec contenance farouche, comme le soldat voulut approcher
de plus près pour reconnoître et dequoy il se doutoit, le bouvier le tue d'un grand coup de coutelas, et soudain les soldats
sautent hors de la charrette tâchant de gagner la porte. D'aventure, un bon homme de la Religion, qui avoit été prêtre et
laissé l'habit, se promenoit sur la muraille. Il entendit le bruit
et soudain accourut couper la corde du ratelier qui tomba si à
propos, que déjà un des soldats étoit dans la ville. Les autres,
n'y pouvant entrer, courent sus au consul et à sept ou huit
soldats qu'étoient de garde à la porte, et, leur coupant la gorge,
se sauvent à leur embuche. Voilà comme Dieu, par sa sainte
providence, sauva cette pauvre ville de la fureur de ses ennemis qui se retirèrent, à la vue de tous en grand nombre, d'où
ils étoient venus.

Les forces que le sieur de Cornusson, sénéchal de Toulouse,
avoit levées en ce pays et environs de Toulouse, en nombre de
5 ou 600 chevaux, s'acheminèrent vers Saint-Antonin au mois
de may. Et, y ayant fait quelque séjour, et aux environs de
Caussade, passèrent outre en la Guienne pour se joindre à M.
le maréchal de Biron qui avoit assemblé 12 ou 1500 chevaux
pour marcher droit à Paris, au service du Roy.

Le pape Grégoire XIII, auteur de la Ligue, mourut au mois
de mars, comme on l'a su depuis en ce pays. Par sa mort, le

cours des effets de la Ligue ne furent interrompus aucunement.

Le Roy découvrit, en ce tems, que le principal dessein de ceux de la Ligue étoit fondé sur les promesses du pape Grégoire qui devoit fournir grosse somme d'argent. D'ailleurs, le roy Philippe, d'Espagne, avoit promis aussi de contribuer aux frais, comme aussi les Vénitiens, Génois et potentats de l'Italie ligués ensemble. Et pour assurance du tout, ledit roy Philippe devoit avoir pour gage la ville de Marseille, de ce côté de mer, et la ville de Bordeaux de l'autre. A cet effet, attendant les exécutions, il avoit un grand nombre de galères sur la mer, de Gênes jusques à Nice, pour y mettre garnison, et un autre nombre du côté des Flandres pour Bordeaux. Lui, en personne, étoit venu à Barcelone où il y avoit aussi une armée prête ; et, passant outre, il vint faire ses Pâques à Montserrat pour se jeter tout à coup en Languedoc, Provence et Guienne. Comme tout étoit préparé, à un jour nommé, voyez le fait de Marseille advenu tout au rebours, et de Bordeaux aussi, comme a été dit ci-dessus.

En même tems, la garnison d'Anvers, en Flandres, que son armée tenoit depuis longtemps assiégée par mer et par terre, fait une sortie sur la mer et défait 3,000 Espagnols, entre lesquels demeurèrent morts 32 des principaux chefs et grands seigneurs de l'armée. Par ce moyen, le siège fut levé. Ce fut une grosse perte qui étonna grandement le Roy d'Espagne. Voilà les nouvelles qui furent apportées peu après au pays.

Ceux d'Anvers assiégés de long tems et serrés de près par le prince de Parme, gouverneur des Pays-Bas pour le roy d'Espagne, Philippe, étoient presque à l'extrémité ; car l'embouchure du port de mer étoit fermée avec barques et navires pleins de terre enfoncés dans l'eau ; si, que un seul vaisseau de la ville ne pouvoit sortir en mer, outre la garde que jour et nuit les navires et barques espagnoles faisoient aux environs. Les capitaines de la ville se voyant réduits à tels termes, remplissent trois ou quatre navires de quantité de poudre à canon, pots, lances, grenades à feu et autres artifices, et les conduisent, avec autre nombre de navires, droit à l'embouchure et passage fermé, comme s'ils le vouloient forcer, n'ayant dans lesdits navires que bien peu de gens lesquels, à point nommé,

en devoient sortir et se sauver dans des esquifs pour de là se
retirer aux autres navires et prendre la fuite, ayant, avant que
de sortir, amorcé de feu quelques cordes qui, en peu de tems
se prendroient à la poudre. Dès qu'ils se présentent, les ennemis se rangent en bataille pour les aller investir et charger.
Ceux d'Anvers, ayant fait la mine et grande bravade comme
pour les assaillir, soudain se mettent en route, et, feignant la
fuite, les soldats des navires se sauvent dans les esquifs et
suivent les autres. Les ennemis les chargent, en s'amusant
aux navires qui s'étoient arrêtés, les saisissent, entrent dedans
à la file et en grand hâte, pensant y attraper les gens. Là dessus,
le feu prend à la poudre, de là aux pots et autres feux artifi-
ciels qui renversèrent tout et tuèrent les Espagnols qui y étoient
entrés, et enfoncèrent encore, par la violence, d'autres navires
qu'ils avoient aux environs, où moururent le nombre de gens
et capitaines susdit.

Voilà comment notre bon Dieu, en un moment, pour l'honneur de sa gloire et le salut des siens, contre cet antechrist
romain, visita de cette perte insigne l'Espagnol et renversa le
complot dressé sur les villes de Marseille et de Bordeaux, principal but de leurs desseins. Avec ce, le sieur de Lansac en la
prinse de Bourg, près Bordeaux, se hâta de 8 ou 10 jours,
sans attendre le jour destiné à la prinse des armes du duc de
Guise; ce qui fit venir à néant l'entreprinse qu'il avoit formée
sur les principales villes du royaume qui se tindrent sur leurs
gardes, averties par le Roy, qui en écrivit soudain à toutes les
provinces de ce royaume, notamment les avertissant du bon
devoir de ceux de Marseille qu'il loue fort de lui avoir été fidèles, les exhortant d'en faire de même.

Le roy de Navarre, averti par le Roy de toutes les entreprises et menées du duc de Guise, du but de leurs desseins et des
grands préparatifs de gens qu'ils faisoient lever en toutes les
provinces et hors du royaume, envoya offrir au Roy le service
de sa personne et de son cousin, le prince de Condé, de 18,000
hommes de pied et 2,000 à cheval, de la Religion. Ce que le Roy
accepta de bon cœur et eut telle offre pour agréable. Toutes
fois, la Reine régnante étoit entrée au pays de Guienne avec
une armée, et de toutes parts la guerre s'allumoit toujours.

En Dauphiné, les seigneurs de Lesdiguières, de Blacon et le fils de M. de Montbrun avoient surprins, comme dit a été, la ville de Montélimar, mais le château tenoit bon. Ils l'environnèrent de tranchées et de fossés. Toutes les forces du Lyonnois et Forêts vindrent à son secours, mais en vain. Tellement que, au bout d'un certain tems, les soldats qui y étoient en garnison le rendirent. M. le duc vouloit aller au secours des dits sieurs; mais il y renonça, parce qu'ils disoient être assez forts. Ils ramassèrent 4,000 arquebusiers et 3 ou 400 chevaux audit pays. Cette prinse servit de rempart au Languedoc et empêcha que les forces de la Ligue ne s'acheminassent.

A Bay-sur-Bay, tenu par ceux de la Religion, port sur le Rhône, fut prinse une barque chargée d'arquebuses, morions et rondaches, s'en allant en Avignon. Ces armes furent portées à M. le duc de Montmorency qui les départit aux dites compagnies, à 3 écus l'arquebuse et morion de Milan.

Le sieur de Deyme, ordonné gouverneur à Puylaurens et Lauraguais, faisoit la guerre audit pays.

Le 10 octobre 1585 arriva à Castres la compagnie de gendarmes de M. le comte de Montgommery, en nombre de 40 salades et 60 arquebuziers à cheval, que les seigneurs de Boissezon et du Villa étoient allés chercher à Montauban. Ils passèrent sans empêchement, bien qu'ils fussent attendus de l'ennemy en quelques lieux.

En ce mois d'octobre la compagnie de gendarmes du sieur de Cazaubon, fils aîné de M. le comte d'Aubijoux (1), se tenant à Albi, vint courir et battre l'estrade jusques à Lombers et Réalmont. Dont averti, le sieur de Tanus, beau-fils de M. le baron de Paulin, gouverneur de ces dits lieux, fit une sortie avec sa cavalerie et envoya ses coureurs audevant des ennemis branlans qui furent chargés et mis en fuite; où le fils de feu

(1) Jacques d'Amboise, mort à la bataille de Coutras, en 1587, passe pour avoir été le fils aîné de Louis d'Amboise, comte d'Aubijoux, gouverneur d'Albi. Cazaubon s'appelait Georges d'Amboise. Installé dans l'Albigeois par Joyeuse, il avait exigé pour lui des *Petits Etats*, une compagnie de cinquante chevaux et quatre cents hommes de pied, 26 mai 1580 (*Ass. du diocèse d'Albi*, par Rossignol, 1875, p. 183). — Cazaubon avait épousé Louise de Luxembourg laquelle convola en secondes noces avec Bertrand de Béon, 1602 (A. du Parl. de Toulouse, B, 108)

M. de Monfaucon, de ladite compagnie de Cazaubon, fut blessé. Il s'étoit peu de jours auparavant révolté pour quelques paroles qu'il avoit eues avec le baron de Paulin. Si le sieur de Tanus y eût été à tems, il y eût eu de la mêlée au désadvantage de Cazaubon et de sa troupe qui étoit en bien plus grand nombre, mieux monté et armé que celle de Tanus; mais le Seigneur n'a égard ni au grand nombre, ni en la jambe du cheval, quand il lui plaît d'affliger les siens. Le sieur comte d'Aubijoux, grand seigneur, au commencement de ces troubles, voyant les efforts et grandes armées de ceux de la Ligue, sachant leurs desseins, au contraire le peu de moyens humains de ceux de la Religion, avoit dit en bonne compagnie et affirmé par grand serment, que, si ceux de la Religion pouvoient, à ce coup, éviter et rompre les efforts qui leur étoient dressés, il ne porteroit jamais les armes contre eux et qu'il y auroit plus de huguenots en France qu'il n'y en avoit jamais eu, s'ils pouvoient cette fois résister. Beaucoup d'autres grands seigneurs et notables personnages de ce royaume disoient de même, qui n'avoient égard qu'aux forces humaines, ne considérant pas que le Seigneur, dont la gloire eût été foulée aux pieds par l'effet de tels desseins, a été, est et sera la sauvegarde de ceux de la Religion quand ils se soumettent de tout leur cœur et affection à sa sainte providence.

Une entreprinse avoit été dressée sur Rabastens par le capitaine Méric peu de jours auparavant; mais ayant été découverte, elle fut de nul effet.

La ville de Lodève assiégée, comme a été dit, par l'armée du duc, étoit en ce tems fort battue et serrée de près, attendant secours; mais, ne venant à tems, le sieur Evêque et habitans se rendirent à cette composition, qu'ils obéiroient, recevroient garnison et fairoient la montre aux compagnies de l'armée. Le château fut rendu par la même composition. C'est une place forte, à une mousquetade de la ville, lieu haut, commandant dans icelle à plaisir. 800 arquebusiers étoient arrivés auprès de Lodève pour se jetter dedans, envoyés par le sieur de Joyeuse sous la conduite du capitaine Granier; lesquels, entendant la reddition, se retirèrent à Lunas, à 3 lieues de la place, pour y rafraîchir. Lunas avait appartenu à la mère de feu M. de Feugères, c'est là qu'il avoit été meurtri au lit par le moyen de sadite mère (1). Le duc, averti par les consuls de Lodève, envoye soudain quatre cornettes de cavalerie et 200 arquebuziers à cheval environner Lunas, et fait suivre le camp, après, à toute diligence, pour les avoir, parce que c'étoient les principales forces de Joyeuse qu'il vouloit défaire, dont il avertit le sieur comte de Montgommery, comme sera dit ci-après.

Le capitaine Mascarenc n'avoit pu faire vuider la ville au capitaine Marguerittes, comme a été dit ci-dessus. Il s'en alla devers Monseigneur de Montmorency qu'il trouva à Clermont, lorsque le siège continuoit à Lodève, auquel il fit ses plaintes et obtint provision par le moyen d'un sien secrétaire, parent de Fournes, pour faire mettre à exécution les provisions de prise de corps qu'il avoit obtenues sur les informations de meurtre de son frère, commis par de Marguerittes qui s'étoit aidé de 10 ou 12 gentilshommes catholiques. En ce tems, Mascarenc revint à Castres présenter les provisions au comte qui, du peu de respect qu'un si petit galand lui portoit, se fâcha contre lui et lui dit qu'il eût à vuider la ville, car l'autre y demureroit puis qu'il avoit plû ainsi au duc. Déjà Marguerittes avoit fait revenir sa femme en Castres (2). Le capitaine Mascarenc, par le moyen d'Alary, consul, s'en plaignit, comme il avoit fait ci-devant, au conseil de la ville, où furent députés M. de La Mer, conseiller, Thomas, receveur, capitaine Boissière, et consul Bissol, qui, l'ayant remontré au comte, celui-ci s'en excusa et dit que Mascarenc lui avoit tenu propos de peu de respect, et qu'il feroit en ce fait ce que le duc y ordonneroit, devers lequel il avoit envoyé. Voilà que sert la fierté et arrogance des petits compagnons envers les grands, quand ils les méprisent. Mascarenc, homme insolent, querelleux et de mauvaise vie et conservation, addonné à paillardise et jeu, grand pipeur, est un exemple.

(1) Claude de Narbonne, baron de Feugères, fut assassiné en 1578. Sa mère se saisit de Lunas dont elle donna la garde au gendre de sa fille, Etienne de Cailus, sgr. de Colombières, que les *Pièces Fugitives* appellent à tort: Colombines et Colombiers (Jour. de Charbonneau, note 13, et Jug. de la nob. de Bezons).

(2) Alexandre (non Balthazar) de Bonne, chevalier de Marguerites, avait épousé Catherine de Roquette. Le meurtre d'Antoine Mascarenc remontait au commencement de l'année 1581 (V. *Mém. de Gaches*, p. 286 et 311).

Patron de toute débauche et dissolution, sans foy et religion, il a été cause d'avoir débauché grand nombre de jeunesse et enfans de bonne maison à Castres, par ses dissolutions, et mis la corde au col, comme l'ont dit, à plusieurs lesquels étoient autrement enfans dociles et bien complexionés ; mais sa hautesse et conversation les a perdus.

Peu de jours auparavant, ledit Mascarenc, avec cinq ou six de ses complices, avoit voulu précéder le sieur de La Grange, homme de piété et religion, au devant de sa maison, comme il parloit seul avec le sieur de La Garrigue, son frère, et sans aucun respect, lui dit : « La Grange, je veux parler à toi seul. » L'autre s'approchant pour entendre ce qu'il vouloit, Mascarenc lui dit qu'il avoit médit de lui. Le sieur de La Grange répondit que ce n'étoit sa coutume de médire de personne. Mascarenc dit qu'il s'en contentoit, l'autre répond qu'il ne se soucie pas beaucoup s'il est content ou non. Là dessus ils se séparent, ne l'ayant osé attaquer, car aussi ils n'eussent pas été trop assurés. Ledit sieur de La Grange leur avoit donné grands moyens de vivre à Burlats, où il étoit gouverneur, lorsque, en l'an 1572, le sieur de La Crouzette occupoit la ville de Castres. Depuis, au lieu de le reconnoître, lui ont été ennemis, marris de le voir si homme de bien et de si honnête conversation.

Au conseil de M. le comte de Montgommery, furent nommés par le diocèse : M^{tre} Antoine Lacger, juge de Castres, autrement nommé par le commun, M^{tre} Lébrouion (?), Antoine Thomas, Antoine l'Espinasse, Jean Bissol, second consul ; et pour la noblesse : Bertrand du Rozel, sieur du Causse. Il sera dit ci-après de leurs anciens déportemens. Le sieur de La Garrigue aussi fut dudit conseil.

Le capitaine Bacou, chef de tous les voleurs du pays, en infracteur de paix, sous couleur de dresser les compagnies de son régiment, ravageoit toutes les montagnes. Le capitaine Fèdre en avoit une, le capitaine La Lugeron une autre ; mais c'étoient des gens du pays, qui ne vouloient que piller et détruire le peuple. Bacou s'en alla à Angles avec ses troupes pour en déloger le capitaine Offrières qui y tenoit garnison, et en fit ses efforts, mais en vain. M. le duc en ayant reçu plainte, le cassa et ses compagnies aussi, et le sieur d'Offrières, avec sa compa-

gnie, s'achemina au camp. La Lugeron, nonobstant ce, n'ayant
que 30 ou 40 soldats, ravageoit tous les environs de Castelnau.
M. le comte lui manda de le venir trouver, ce qu'il fit. Il lui
interdit de ne plus se mêler de tenir la campagne dans son
gouvernement, sur peine qu'il le fairoit pendre ; mais il con-
tinua de mal en pis nonobstant sa promesse, tellement que M.
le comte, sans le respect de ses parents, l'eût fait attacher.

M. le comte, en ce mois d'octobre, alla parlementer avec les
seigneurs de Bieule et de Monfa, près Arifat.

Le mardy 22 octobre, M. le comte, avec sa compagnie, alla
battre l'estrade pour rencontrer l'ennemy ; et, passant à Lautrec
pour attirer la garnison, ils ne voulurent sortir que bien peu
qui furent rembarrés jusques près la porte. Il y en eut un de
tué et six blessés de ceux de la ville, et un arquebusier à cheval
dudit sieur, blessé ; où ils firent fort bien. Ceux de Vielmur ne
voulurent sortir. Le soir précédent, le sieur de Deyme, avec
les troupes de Lauraguais, s'étoit venu loger à Saïx et environs
de La Bruguière. De là, il s'en alla à Mazamet.

Lendemain, M. le comte ayant entendu que quelques voleurs
avoient pris du vin à La Lauzerié à un nommé Artus, monta à
cheval et s'achemina avec sa compagnie de gendarmes à La
Bruguière pour les attirer et couper chemin aux voleurs qui
prenoient ce chemin. Ils abandonnèrent le vin se sauvant par
les bois. La garnison ne voulut sortir que jusques au bout du
pont, hormis deux chevaux qui furent pourchassés et l'un
d'iceux blessé, qui éloit à Rafanel. A La Bruguière, y avoit garnison et capitaine de part le sieur baron d'Ambres ; bien qu'il
eût promis autrement au duc. De quoi marris, les sieurs de
Montfa, capitaine Fournes et autres s'étoient retirés hors dudit
La Bruguière et logés à Montespieu, tenant partie de M. le duc.
A Lautrec, le sieur de Fenairols y commandoit, homme paisible.
A Vielmur commandoit le sieur de Montpinier, homme de peu
de foy et grand ennemi de ceux de la Religion.

En ce temps, environ le 20 octobre, M. le comte reçut nouvelles que la ville, fort et château d'Angers, ville capitale du
pays d'Anjou, s'étoit rendue de bon gré à l'obéissance du roy
de Navarre (marri de voir le pauvre royaume de France exposé
au brigandage et cruel traitement des armées de la Ligue), par

le moyen du gouverneur du château qui depuis longtemps
l'avoit ainsi promis audit roy de Navarre. Ce gouverneur, avant
de se déclarer, reçut les gentilshommes du pays dans le
château, l'un après l'autre, et les voyant en nombre de 400,
manda aux sieurs de Laval et Bussy d'Amboise d'amasser en
Bretagne le plus grand nombre de gens de la Religion qu'ils
pourroient, et s'en venir promptement. Ce qu'ils firent et y
furent reçus et bien venus (1). Cette ville est de grande impor-
tance et commande, par manière de dire, comme un donjon, à
la Bretagne, au pays du Maine, du Perche, d'Anjou. Jules
César fit édifier le château, en ses guerres des Gaules, et en fit
l'une de ses étapes. Le château est composé de 32 tours. De là
l'on entre dans la cité et de la cité dans la ville qui est fort
riche. Il y passe au milieu deux rivières. A une demi lieue de là
est la rivière de Loire. C'est une des œuvres du Seigneur de
l'avoir donnée pour retraite et refuge aux pauvres François de
la Loire, car ils n'en avoient point d'autre, ayant été dispersés et
les églises dissipées, comme a été dit, par les armées des Ligues,
et la plupart des hommes fugitifs, qui, au plaisir de Dieu, se
pourront retirer, comme aussi grand nombre de ceux qui, par
crainte, s'étoient mis aux troupes des Ligues, attendant commodité et retraite. Béni en soit le Seigneur !

Le roy de Navarre ayant reçu nouvelle de ladite prinse
d'Angers, s'y achemina à grand diligence, ainsi que le sieur de
La Roche-Chandieu en donna avis par lettres à M. Floris, Sa
Majesté lui ayant commandé de le suivre promptement.

M. le comte partit pour les bains de Balaruc, le vendredy 26
octobre, avec M. Floris et partie de sa compagnie. Comme il
sortoit de Castres, il reçut un paquet de M. le duc, l'avertissant
du siége de Lunas.

En ce mois d'octobre, la galère du sieur de Joyeuse, fils,
admiral de France, étant au port et havre de Marseille, en partit,
le capitaine et quelques gentilshommes s'en allant ébattre et
banqueter à un château, au long de la Marine, nommé Château

(1) « L'ennemi fit courir ce bruit afin que le roy de Navarre et M. le prince
» y accourant, fussent enveloppés et défaits. M. le prince s'y acheminant,
» fut averti de la fraude par le sieur de Laval et un grand seigneur catholi-
» que. » (Note marginale dans le msc. de la Bibl. Nat. fonds fr. 14.503).

d'If. Où étant ils laissèrent 12 soldats pour la garde de 252 forçaires qui étoient à la cadène, lesquels se voyant en tel état et commodité, résolurent de se mettre en liberté ; et de fait se déchaînèrent en partie et saisirent leurs gardes, qu'ils jetèrent en mer. Et, ayant mis les voiles au vent qui leur fut propice, firent voile à Ayguemortes. Les gentilshommes et capitaine les voyant du château usoient de menaces ; mais en vain, ils furent bien reçus et la galère conduite à M. le duc, à Mauguio, près Montpellier. Les forçaires étoient, la plus part, de ceux de la Religion, lesquels se retirèrent en leurs maisons.

La ville et château de Lunas, ci-dessus nommé, assiégés l'espace de dix jours, les soldats étant dedans se rendirent à composition qui leur fut accordée fort avantageuse : c'est de sortir vies et bagues sauves, et conduits en sureté, comme fut fait. Cette capitulation fut pressée d'autant que le roy de Navarre avoit mandé à Monsieur de Montmorency que l'armée du duc du Maine s'approchoit fort de lui. Car, sans cela, ils eussent été forcés.

Pendant l'absence du comte de Montgommery, le sieur de Boissezon, lieutenant de sa compagnie de gendarmes (le dimanche 27ᵉ octobre, avant le prêche du matin), fit asseoir au propre lieu où le comte avoit accoutumé se mettre pour ouïr, proche la chaire du temple, un nommé d'Angles qui étoit à sa suite, et il s'assit après lui. Mᵗʳᵉ Antoine Lacger, juge de Castres, venant, s'assit près ledit sieur de Boissezon bien qu'il lui voulût déférer sa place. Là-dessus arriva Mʳˢ de La Mer, conseiller, et de Suc, avocat général en la Chambre souveraine, à Lisle. Et, se voulant mettre à leurs places accoutumées, le sieur de Boissezon leur refusa séance au-dessus de lui. Et comme ledit sieur de La Mer luy eût remontré doucement ce qui étoit de son devoir, n'eut autre reponses que menaces. Ce qui fut cause qu'ils se retirèrent et vindrent ouïr le prêche vers Villegoudou, ce qui étonna quelque peu le sieur de Boissezon ; il en parla à l'oreille avec le juge qui aussi n'en fit autre semblant ; dont beaucoup de gens présumèrent qu'il avoit poussé et induit le sieur de Boissezon à faire ce bon tour aux conseillers, parce qu'il étoit marri que le duc le précédât aux honneurs. De fait, La Mer le remontra le lendemain au juge et en rejeta la faute sur lui. Le juge, là-dessus,

députe MM. Marsan et Dumas, ministres, pour en faire remonstrances au sieur de Boissezon; mais ils ne profitèrent rien, si ce
n'est qu'il attendroit le retour de M. le comte qui y pourvoiroit.
Depuis, le comte étant de retour, le sieur de Boissezon ne resta
de continuer de s'aller asseoir au banc et prendre le dessus du
siège des conseillers. Même, le dimanche, premier du mois de
décembre, à l'ouverture du temple, il alla prendre place, lesdits
sieurs étant constraints venir au prêche devers Villegoudou pour
éviter scandale.

Après le siège de Lunas, trois régimens de l'armée de M. le
duc furent envoyés vers le Pont de Camarès, savoir : celui de M.
de Châtillon, du sieur de Lèques, auparavant nommé M. de Grémian, et du sieur de Gasques, provençeal, qui firent mille maux
au pays de Rouergue, pour vivre au mois de novembre (1).

En ce mois le sieur de Roquevidal, avec les gentilshommes
des environs de Lavaur, ayant assemblé 5 ou 600 hommes de
pied et quelques cavaleries, allèrent fort secrètement, à heure
de nuit, assiéger une maison (2) où M. de Juth (?) et son frère se
tenoient sans molester personne, entre Saint-Paul et Roquevidal;
et, à la diane, l'ayant battu d'une pièce de batterie que ledit
Roquevidal a, pressèrent si fort le lieu qu'il fut prins d'assaut
le jour même, et lesdits de Juthe tués de sang froid. L'un d'iceux
voyant la maison prinse, tua deux chevaux d'Espagne qu'il
avoit, afin que l'ennemi ne s'en servit. Ils étoient bons hommes
de guerre et bien affectionnés à la religion. L'on n'eût moyen de
les secourir, tant l'entreprinse fut précipitée, que fut un grand
dommage. La batterie s'entendoit de Castres.

M. le comte de Montgommery fut de retour des bains sur la
my-novembre, ayant obtenu, de Monseigneur le duc de Montmorency, don de toute nature de deniers imposés au profit du
diocèse, hormis 5.000 écus qu'il se réservoit pour payement de
l'armée.

(1) Antoine Dupleix prenait le nom de capitaine Grémian avant de posséder
la terre de Lecques qu'il acheta à Michel Du Faur de Saint-Jori, président au
Parlement de Toulouse, en 1572. — Gasques s'appelait Christophe de Barjac.
Il avait été moine profès à l'abbaye de Sauve.

(2) Le château de Pécharnié, près Saint-Paul, d'après Faurin. — Le seigneur de Roquevidal était alors François Ebrard, d'après le contrat de
mariage de Honoré de Villeneuve, baron de Lacroisille, qu'il signe comme
témoin le 9 avril 1589.

En ce tems, Henri de Bourbon, prince de Condé, fiancea une fille de Madame de la Trémouille, d'où il se prévalut de 100.000 escus comptans et 40.000 de rente (1). Ledit sieur, avec quelque nombre de cavalerie, feignant aller au service du château d'Angers, peu de jours après, s'étant acheminé bien avant, départit ses troupes et leur ordonne la part où ils se devoient retirer, et lui, cinquième, en habit dissimulé, passa outre en France ; et, passant au Pont Charenton, quatre lieues de Paris, se rendit à Sedan et de là en Allemagne pour conduire en France l'armée que le sieur de Clervaut y avoit composée pour le roy de Navarre (2). Ils en avoient fait écrire lettres à Sa Majesté, demandant secours, parcequ'ils avoient fait le siège d'icelle pensant qu'incontinent le Roy y viendroit en personne et seroit enveloppé entre deux rivières et de fait comme il y avoit grande apparence, car aussi le roy de Navarre y avoit écrit au sieur de La Roche-Chandieu, lui mandant qu'il s'en alloit et qu'il eût à le suivre ; mais, peu après, il fut averti de la fraude par le sieur de Laval. Qui fut cause que le prince, sous ce prétexte, entreprint sondit voyage. Les ennemis firent courir le bruit, voire, firent imprimer qu'ils avoient défait le prince et 5.000 hommes des siens ; mais cela se trouva faux.

Avant le retour du comte, il y avoit eu grand différent entre le sieur de Boissezon et les consuls de Castres, à qui bailleroit le mot du guet, Boissezon disant lui appartenir et les consuls, que c'étoit à eux, car il n'étoit que lieutenant de la compagnie. Enfin par la négligence des consuls qui n'en communiquèrent rien au conseil général de la ville, ils perdirent ce qu'ils avoient auparavant ; dont s'en suivit que le capitaine Franc, sergent-major, voulut en user de même ; mais la ville s'y opposa.

En ce mois de novembre, le château de Puechassault fut prins en plein jour, par 20 cuirasses à cheval, avec deux pétards qui furent mis aux portes pendant que l'un d'eux amusoit un soldat

(1) Ce mariage eut lieu le 16 mars 1586 (Hist. des pr. de Condé, par M le duc d'Aumale ; — Mém. de la Ligue. II, 169, éd. d'Amsterdam, 1758, etc...).

(2) Claude-Antoine de Vienne, sgr de Clervaut, agent du roi de Navarre. Voyez sur lui et ses négociations en Allemagne, les Mémoires de La Huguerie, savamment illustrés de notes par M. le baron A. de Ruble, pour la Soc. de l'hist. de Fr., Paris, 1877, 3 vol. in-8°.

du château, lui demandant nouvelles de son maître. Il étoit à la
chasse ce jour avec M. de Malvignol, sieur de Mandoul, et le
capitaine Cotton, avec quinze arquebusiers, lesquels ce voyant
se retirèrent à Malvignol, prochain de là, d'où Cotton se rendit
maître par semblant, car. à l'instant, tous les gentilshommes
du pays, tant catholiques que de la Religion voulurent moyenner envers le comte de Montgommery de le faire rendre ; même
les sieurs de Bicule et d'Auterive en parlementèrent avec lui,
près de Sainte-Foy, remontrant qu'autrement les châteaux de
Malvinhol, de Puycalvel, seroient occupés par les catholiques,
qui seroit grand préjudice (1). A quoi il promit s'employer. De
fait, il y alla dès le lendemain. Il y fut reçu avec tout honneur
et respect, leur dit qu'ils fissent la guerre à toute outrance et que
s'ils avoient besoin de secours il leur en donneroit de tout son
pouvoir. De là, il s'en alla avec sa compagnie de gendarmes vers
Vénez et Réalmont.

Entre ceux qui se trouvèrent à la prinse dudit château, fut
Sabatier, fils de Ferrand Sabatier, de Castres. Les gentilshommes qui avoient procuré que ce château fût rendu, se voyant
frustrés de leurs espérances, n'en firent autre instance, prévoyant
qu'ils n'avanceroient guère ; et, de fait, Cotton quitta Malvignol.

Or, cela a été expérimenté en presque tous ces troubles, que
la pluspart des gentilshommes du Haut Languedoc se respec-
tent fort les uns les autres ; mais c'est pour leur commodité
seulement, plus que pour autre, afin que quand les forces d'un
party sont plus grandes, l'un sauve la maison et le château de
l'autre. Ainsi ne perdent jamais, et toute la faute des troubles
tombe sur le pauvre peuple des villes et des champs. Pour mieux
faire, si un gentilhomme catholique a deux enfans, il en fait
recevoir un à la Religion, et laisse l'autre demeurer catholique (2). Le gentilhomme de la Religion fait le semblable : s'il a
deux enfans, il permet que l'un soit catholique et prend en

(1) Malvignol appartenait à Pierre de Capriol, sgr. de Mandoul, protestant,
sans doute, ainsi que François de Châteauverdun, sgr. de Puycalvel. Quant à
Puechassaut, il fut pris à Gaspard de Capriol, seigneur très catholique, le 17
nov. 1585. Sur ce château, voyez la Revue du Tarn, I, p. 343.

(2) Observation très curieuse et parfaitement exacte. Aussi peut-on affirmer
que, en Languedoc, il ne se trouvait pas alors de famille noble où vivant no-
blement qui n'eût son représentant dans le protestantisme.

mariage une femme catholique, se partageant ensemble le salut de leurs enfans, pour leur propre commodité temporelle. Ainsin ne peuvent faillir de s'enrichir, apportant en leurs maisons les dépouilles et rançons de ceux d'un et d'autre party que sont prins en guerre contre eux.

Peu de jours auparavant, le comte de Montgommery étoit allé à Réalmont, comme a été dit, et de là avec le sieur de Tannus allèrent jusques aux portes d'Albi avec 100 ou 120 chevaux pour attirer et combattre la compagnie du sieur de Cazaubon, gouverneur ; mais ils ne voulurent sortir. Le capitaine Mus fut blessé à un bras, d'une arquebuzade, par des soldats que l'ennemi (averti de leur venue) avoit mis dans une forte métairie.

Le comte, sur la fin du mois, ayant eu avertissement que 50 ou 60 charrettes de sel venoient en flotte de Narbonne à La Bruguière, au-devant desquelles, à la descente de la Montagne, 50 arquebuziers étoient allés, soudain, monte à cheval pour aller rompre ladite infanterie. Il passe par Navès, fait le tour des environs de La Bruguière, mais ne rencontra personne. Ceux du château d'Auterive les voyant venir de Navès et prendre le chemin de La Bruguière, envoyèrent deux hommes de cheval à toute bride vers La Bruguière les en avertir. Voilà comme en usent les maisons des gentilshommes de ce pays en leur neutralité : pour un méchant avertissement, et encore faux, qu'ils envoyent à ceux de la Religion, ils en envoyent cent à ceux de leur party ; et tous les jours lui et le sieur de Bioule (1) ont gens à Castres pour épier et savoir tout ce se passe.

En ce mois, vindrent nouvelles que Henri de La Tour, vicomte de Turenne, ayant assemblé, longtems auparavant, 5 ou 6,000 hommes de pied et 5 ou 600 chevaux, tenoit la campagne en Limousin, et prins Thule en plein jour avec 6 pétards.

La ville lui donna 35,000 écus, moyennant ce, ne fut pillée ni rançonnée.

L'arrivée du duc du Maine, ou partie de sa troupe à la grande poursuite de Toulouse, vint en ce tems en Poitou et Xaintonge, en nombre de 8.000 hommes de pied et de 3.000 chevaux ; ce qui faisoit hâter les réparations.

(1) Louis Entraigues, baron de Hauterive et Hector de Cardaillac, sgr de Bioule.

Le premier décembre, Monseigneur le duc de Montmorency fit faire montre générale à son armée, à Béziers, et se mit de rechef en campagne, ayant 100 enseignes de gens de pied. Il les fit payer la moitié en argent et l'autre moitié en draps pour s'habiller. Il manda les états du pays à se tenir à Béziers, le 25 dudit mois. Un paquet fut surpris par M. du Villa, ainsi que le sieur de Louppe, porteur d'icelui, par lequel le sieur de Joyeuse demandoit secours à ceux de Toulouse pour rompre les desseins du duc; lequel, averti de ce, manda la noblesse du ban et arrière ban au 25 dudit mois. Ce qui fut exécuté à Castres, particulièrement par tous les seigneurs, gouverneurs, et gentils-hommes de la Religion qui le vinrent trouver au plustost, entre Narbonne et Carcassonne, pour participer à l'honneur qu'il pensoit acquérir en ce voyage.

Le bruit et avertissement de divers endroits étoit que l'ennemi alloit assiéger Briateste, comme leur étant plus proche. De fait, pour le faire accroire on faisoit de grands préparatifs à Lavaur, Rabastens et environs, et grand assemblée de gens de guerre. Dominique Bouffard, sieur de La Garrigue, en étant averti par Jean de Bouffard, son frère, gouverneur de Briateste et de Fiac, délibéra de lui envoyer secours d'hommes et munitions, et lui écrivit que ce seroit bien tost. Cependant, les troupes d'ennemis, sous la conduite du sieur d'Ambres, tâchoient de s'emparer dudit Briateste par autre voye. Ce fut le dimanche, premier décembre, le jour assigné à l'exécution, laquelle advint ainsi qu'étoit porté par une lettre que M. Faure, ministre de la parole de Dieu, en écrivit quelques jours après à M. Floris, ministre de Castres, laquelle j'ai ici expressément insérée au long, dont la teneur est telle :

Dieu soit avec vous, M. et très cher frère. Je reçus, le 16ᵐᵉ du présent, la vôtre du 10ᵉ, et, n'eût été que je vous ay vu affectionné à m'écrire assez amplement, selon les grandes occupations et labeurs que soustinmes, je me fusse déporté de vous narrer le combat dernier dont faites mention, attendu que le sieur de La Grange le doit faire, après que Dieu l'aura relevé, ainsi qu'il m'a promis, et qu'il le sçaura mieux et plus dextrement faire. Or, pour venir au point, dimanche eut quinze jours, au moment où le sieur de La Grange sortoit dans l'après disnée, pour s'égayer à la chasse, qu'il aime fort, aux environs de la ville, l'ennemi bientôt après apparut sur un tertre, devers Fiac, et fut découvert de la tour, parce que Dieu voulut qu'un soldat, pour voir de là les chasseurs, y monta bien à point. Je ne scay si par mécontentement celui qui avoit charge de faire garde de jour l'avoit quittée. Après la découverte faite, le sieur de La Grange se retira vers la ville. Or, c'étoit une troupe de gens de cheval suivant une troupe d'infanterie, tous ennemis, et pouvoient être en tout de 40 à 50. Comme si ladite infanterie eût été à grand furie chassée, ils se tiroient toujours quelque arquebuzade et pistolade. La troupe d'infanterie fit semblant, pour se sauver, de se remettre dans une métairie assez forte appartenant à un avocat de Toulouse, nommée La Pélisserie, distante de nous le quart de demi lieue. Le feu fut mis là soudain par ceux de dehors. Les assiégés firent beaucoup de canoneries, grand tintamare d'arquebuzades qu'on tira environ demi quart d'heure, pour une plus grande feinte et amorce ; tellement qu'à le voir et ouïr, les uns croyoient que ce fût à bon jeu bon argent, et que des nôtres, de Fiac ou de Damiate, s'en venant ici (car c'étoit sur ce chemin) étoient là bloqués. Bien peu se doutoient de la fraude et danger advenir comme il eût été besoin, et à l'exécution de l'ennemi aida beaucoup l'opinion que le sieur de La Grange avoit conçue par une lettre que son frère, M. de La Garrigue, lui avoit écrite deux ou trois jours devant, que la nuit précédente il lui faisoit tenir quelque munition de guerre, pour lui donner occasion d'aller voir ce que pouvoit être. De sorte que, s'étant approché à 2 ou 3 arquebuzades de ladite métairie, et, de là, ayant débandé une douzaine de soldats avec son enseigne, de 40 ou 50 qu'il en pouvoit avoir, et regardant la façon de faire des assaillans, reconnoissant que le feu d'un côté mis en un gerbier de fagots, ne touchoit la maison, bien que d'un autre endroit une fénial (1), qu'ils appellent, bruslât, tenant à icelle, La Grange commença de crier à son enseigne (lequel avoit envoyé deux des douze soldats qu'il avoit pour s'approcher à une arquebuzade du lieu) de se retirer ; mais il y fallut du tems à cause que l'ennemi qui étoit devant ladite métairie (pour mieux attirer lesdits deux soldats vers les assié-

(1) Grange.

gés lesquels tenoient bonne mine) crioient à l'aide et secours !
Voire disoient : je suis tel, et l'autre, tel, de Fiac ; et prenoient
des noms supposés pour faire accroire qu'ils étoient de la religion, pour tant mieux les amuser. Tellement que l'ennemi eut
suffisant moyen de faire lever toutes les embuscades qu'étoient
assez près, tant de pied que de cheval, au son de la trompette et
autres signes donnés de la tour de Bellegarde que le sieur d'Ambres a faite fortifier depuis cette guerre, entre le lieu de Fiac et
cette ville. Lors, ceux qui feignoient être assiégés, sortent de la
métairie avec grande furie, et la cavalerie qui n'étoit pas fort
loin poursuit notre petite troupe, à laquelle, d'autre côté, une
grosse troupe d'infanterie de l'ennemi gagne le devant avec telle
promptitude qu'il n'y avoit celui qui vit ce spectacle qui ne
jugeât humainement, que pas un des nôtres ne se sauveroit.
Or Dieu voulut que aucuns de nos soldats, quelque bruit et
efforts que l'ennemi sût faire en les environnant, ne quitta
son rang, ains se tindrent toujours serrés, allant le pas, vers
leur fort et retraite étant ledit sieur de La Grange qui mit soudain
pied à terre, quand il vit qu'il falloit venir aux mains, à la
queue et son enseigne au front, jusques à ce que l'ennemy, plus
avancé devers la ville pour leur couper chemin, tira à point
nommé à travers des nôtres bien serrés tant d'arquebuzades et
si dru que merveilles qu'alors une bonne partie des assaillis ne
tombèrent ; mais plus grand qu'il n'en y eut pas un d'offensé.
Ce qui advint à notre veue, voire mille pas de nos murailles, ou
peu s'en faut. Cependant, la troupe autre, de l'infanterie et
cavalerie leur étoit en croupe et crioient qu'il falloit donner à
cinq pas le coup de pistolet ; mais pourtant point de déroute ;
ains toujours les assaillis tindrent le pas vers leur retraite, si
assurés, que Dieu montra bien qu'il les fortifioit, ayant lu aux
cœurs des ennemis les trophées de victoire qu'ils avoient déjà
dressés par imagination. Dieu aussi voulut que le sieur de La
Grange, déjà fort travaillé du chemin et de la fureur adversaire,
et toutes fois espérant d'en haut secours, commanda que dix
des mieux en jambes s'avançassent pour rompre et gagner le
fort, voyant la presse de toute part, ce qui fut fait heureusement.
Et se joignirent, les susdits douze, avec une petite troupe, qui
étoit sortie de la ville, dans l'enclos des jardins. Mais le gros

qui les eût bien voulu seconder ne put, l'ennemi s'étant fort
mêlé, et la cavalerie ayant jà gagné la plaine fort à son avantage.
A raison de quoy, l'on s'avisa de se remettre dans une métairie,
dite des Roule, qui étoit plus prochaine, à main droite, et à
portée des mousquets de la ville. Il fallut que ledit sieur chef
suivît les premiers, quoi qu'il ne le trouvât pas plus expédient
que de se hazarder de passer. C'étoit sur les deux heures après
midy, déjà les deux coups de la cloche avoient sonné au prêche,
bien que l'alarme fût par avant, espérant que quand les ennemis
auroient pris chemin, nous les pourrions assembler. Ce fut lorsqu'on commença de plus belle à enclore les nôtres pêle mêle
enfermés dans ladite maison, de sorte qu'aussitôt pouvoient les
ennemis la gagner devers l'orient, que les assaillis vers l'occi-
dent. Néanmoins, nul ne fut pour lors blessé que le sieur de
La Grange, à cause qu'il voulut adviser un petit lisse endroit
du lieu dont l'ennemi pouvoit prendre quelque commodité pour
le fâcher. Cependant, ne y eut ordre de pouvoir brûler les pail-
les des environs, fagots, ni bâtimens faits pour le service de
ladite métairie, si grande étoit la violence des poursuivans,
ayant couru certaine espérance de victoire. Les commodités
des approches furent grandes. La matière pour le feu, qu'on
mit de deux parts, n'y manqua, ni charrettes, mousquèterons
aussi en bon nombre, qui traversoient deux bougets. La blessure
du chef, que vous avez entendue, venoit fort mal à propos, et
les assaillans n'eurent faute que de la faveur de Dieu qui ne
voulut permettre qu'ils se glorifiassent en le blasphémant. Les
assiégés, tendant leurs cœurs au Seigneur, se souvinrent des
moyens qu'il leur donnoit, même d'une quantité de pipes vin
que le paysan avoit pour sa provision. Eux-mêmes débâtissaient
où le feu pouvoit trouver matière. Les arquebuzades aussi,
selon qu'ils se voyoient de munitions, se tiroient, mais seulement quand on pensoit faire coup. Ainsi, avec bon courage et
extrême diligence, la violence adversaire fut repoussée et le
cours du feu empêché, si qu'il ne put embraser la maison que
bien peu. Cependant, aussi, nous avons entretenu toujours
l'escarmouche de nos mousquets avec 20 et tant d'arquebuziers
qui s'étoient parqués aux dits jardins contre les arquebuziers ennemis lesquels soutenoient le feu pour empêcher que secours

de la ville ne fût donné aux assiégés. Les combats et assauts
fréquents durèrent jusques sur la nuit close et obscure, et, comme nos petits corps de garde étoient déjà posés sur les murailles,
l'ennemi fit sonner la retraite au son de trompette et grands cris
et voix: d'Ambres! Lavaur! Lautrec! Rabastens! nous laissant
en cette peine si nous devions hazarder quelques soldats pour
reconnoître si nos pauvres assiégés avoient été sauvés du feu et
rudes attaques qui avoient continué de mieux en mieux quatre
heures, pour le moins. Enfin, lorsque lesdits assiégés craignoient de même se hazarder pour s'en venir devers nous, le
Seigneur y pourvut avant que l'ennemi ne fût guère loin du
lieu où il reçut et peur et dommage, outre la honte d'une si
lâche retraite, que jamais troupe telle aye faite de notre mémoire. Car, encores avons nous sçu ce jour d'huy qu'ils étoient
800 arquebuziers des mieux alestés, tant du pays que d'Albigeois, Lauragais et Gascogne, outre les gendarmes et autre
cavalerie, par un homme qui le tenoit d'un des plus grands
ennemis voisin nôtre, et de qualité. Ils laissèrent sur place
quatre braves hommes, à les voir, trois assez loin des coups,
et un qui n'étoit encore mort, déplorant sa misère, la fétardise
des siens et le tort à lui fait par eux, outre ceux qui, à demi
morts, se conservèrent la nuit en quelques métairies qu'on eût
fouillées de matin sans les brouillards fort épais. Nous avons
depuis su qu'ils pensoient à la fois défaire aussi les plus braves de la garnison de Fiac quand ils accouroient au secours,
de surprendre nos villes. De fait ils avoient des pétards, car ils
en laissèrent les enseignes et se procurant des échelles pour
nous forcer après nous avoir effrayés par la perte des chefs et
des soldats qu'ils pensoient nous faire souffrir. Voilà le siège
dont nous étions tant menacés, qu'auparavant aussi nous
avions reçu advertissement, que nous nous gardassions surtout
des traîtres. Pour conclure, Dieu nous a fort favorisés, auquel
gloire en soit à jamais rendue. J'allois oublier qu'il nous a tant
favorisés, que seulement deux des nôtres en sont morts, ayant
eu moyen encore, après l'affliction, comme se consoler un jour
ou deux avec nous. Les blessés en nombre de 4 ou 5 vont
par la ville et sont, Dieu graces, hors de danger. Du côté des
ennemis, il y en a qui reconnoissent, à leur grand regret,

qu'ils en sont morts de 50 à 60, outre les blessés desquels il
meurt encores tous les jours. On dit que le sieur d'Ambres
menoit l'entreprise et que les exécuteurs sont : Mr de Roquevidal, Saint-Paulet, M. de Preignan, le sieur Ludovico, neveu
ou frère de l'évêque de Lavaur, capitaine Cotton et Granhague.
De Briateste, ce 17me décembre 1585. Votre très humble frère et
serviteur.

FAURE.

Voilà comme notre Dieu, se montrant protecteur de son peuple, délivra le sieur de La Grange et sa troupe, et, en leurs
personnes, la pauvre église de Briateste du complot de leurs
ennemis, et fit retourner sur eux et à leur confusion le mal
qu'ils avoient prémédité de leur faire souffrir. La plupart de la
compagnie du sieur de La Grange étoit enfans de Castres, sauf
le capitaine-enseigne, nommé Combes, qui étoit de Lavaur,
vaillant homme, Honnorat Bories, de Castres, son sergent,
Michel Barriac, Darde Daydé, Suc, frère de M. Suc, Gabriel
Bousquet, Charpentier, Cessal (1).

Ledit sieur d'Ambres et ses troupes se retirèrent d'où ils
étoient venus, avec plusieurs charretées de blessés et morts.
Ceux de Lavaur furent fort marris contre lui, nommément ceux
qui y avoient perdu leurs fils, frères, cousins et neveux; et s'il
n'en eût bien tost vuidé, se fussent rués sur lui. Tous les gentilshommes de Lautrec y étoient en personne, et notamment les trois
beaux-frères de M. de La Garrigue : Cabanès, Montcuquet (2)
et La Frayse, qui pensoient bien mener en triomphe et se
réjouir sur tout du sang du sieur de La Grange que tous lesdits
gentilshommes haïssent mortellement parce qu'il est vaillant
homme, craignant Dieu et qui leur fait la guerre à bon escient.

Ces nouvelles arrivèrent à Castres à une heure après minuit.
Ceux de la garnison de Puéchassaut les apportèrent en diligence. M. Faure ayant mandé que le sieur de La Grange étoit

(1) Voir *Mém. de Gaches*, p. 313 à 317, et Pièces justificatives.

(2) Dominique de Bouffard-Lagarrigue avait épousé, en troisièmes noces,
Jeanne Dupuy-Cabrilles, sœur de : 1o Alexis Dupuy, sgr de Montcuquet, gouverneur de Montdragon, en 1586; 2o Jacques, sgr de Cabanès ; 3o François,
sgr de Lafraise. Ils étaient fils de Jean Dupuy, sgr de Cabrilles, et de Claire
de Vabre.

assiégé à une métairie par grand nombre de gens, M. de La
Garrigue ayant reçu la lettre, l'alla soudain communiquer à
M. le comte de Montgommery qui fut extrêmement marri et
déploroit (comme aussi tous les gentilshommes et gendarmes
de sa compagnie) la perte d'un si bon personnage. M. de Boissezon voulut à toute force monter à cheval pour aller au secours;
mais la présomption étoit grande que c'eût été trop tard; car,
comme il étoit vraisemblable, ils avoient été forcés avant qu'il
y pût arriver. Le bruit se répandit par toute la ville que M. de
La Grange avec toute sa troupe avoient été brûlés. De quoi, les
gens de bien de la ville furent extrêmement marris, pour l'amitié qu'ils lui portent, le connoissant homme vertueux et craignant Dieu; au contraire, Mascarenc, les Fournes, Possines et
autres (mais en petit nombre) furent joyeux au possible, pour
l'inimitié qu'ils ont de longtems contre lui. Ils ne pouvoient
dissimuler leur joye débagoullant plusieurs propos contre celui
qu'ils présupposoient mort en allant prendre ses plaisirs à la
chasse, dont ils faisoient leurs contes.

Or, sur les 7 heures du matin, arrivèrent autres nouvelles
par deux messagers que le sieur de La Grange fit acheminer
vers M. de La Garrigue, son frère, comme Dieu l'avoit miraculeusement délivré, et sa troupe, du dessein des ennemis, ce qui
réjouit ceux qui auparavant avoient été tristes, et contrista fort
ceux qui auparavant s'en étoient esjouis rougissant de honte.
Pour mon particulier, j'y fus si extrêmement marri qu'il ne me
fut jamais advenu, pour avoir connu le sieur de La Grange,
homme de grand perte, fort constant aux dangers où il ne
fléchissoit jamais, notamment au massacre de Paris où nous
étions compaignons et participans des afflictions et calamités
des fidèles, où il montra une grande constance. Mais, comme
Dieu me fit grâce d'entendre une si mauvaise nouvelle que la
première, aussi il me fit ce bien que, des premiers, je sus les
dernières qui me consolèrent grandement. Quelqu'un étant près
le sieur comte de Montgommery lorsqu'il reçut les dernières
nouvelles, s'en réjouissant, en étant fort aise, dit tout haut
qu'il ne croyoit pas que le sieur de La Grange eût fait telle
vaillance et résistance comme l'on publioit; voulant diminuer
par cela l'assistance de Dieu envers les siens. A quoi le comte

répondit qu'il ne se soucioit pas beaucoup comment tout fût allé ; mais étoit fort aise qu'un si bon homme que le sieur de La Grange fût échappé d'un si grand danger, contre son opinion, et en louoit Dieu. Voilà comme les envieux vont toujours détracter ceux qui valent plus qu'eux.

Ce soir même, le sieur de La Garrigue craignant que les ennemis n'eussent fait cet essay que pour aussitôt assiéger Briateste, y envoya 50 arquebuziers qu'il avoit fait venir de Mazamet, avec une charge de piques, et des munitions de poudre ; lesquels, partant de Castres sur la nuit, arrivèrent avant le jour, sans aucun danger, à Briateste où les habitans restoient grandement étonnés d'un si furieux et terrible commencement.

Peu de jours après, le sieur du Villa, partant de Castres avec dix ou douze chevaux seulement, s'en alla à Sorèze, et illec ayant assemblé 200 hommes de pied, s'achemina à Montolieu. Il se mit en embûche bien près d'une des portes de la ville, sans être découvert, pensant y donner sur l'ouverture, au matin, à l'occasion de la foire (1). Il y avoit grande apparence que l'affaire eut bien succédé ; mais, de malheur, il se trouva un homme de la troupe qui avoit une entreprinse sur le même lieu, lequel découvrit expressément l'embûche en criant et faisant bruit ; tellement que l'ambition d'un tel méchant empêcha une si bonne œuvre. Du Villa, en s'en retournant, rencontra, entre La Bruguière et Viviers, 5 soldats de La Bruguière. Il en tua quatre, l'autre se sauva.

En ce mois de décembre, partirent de nuit de Castres 7 ou 8 vingt hommes, avec pétards, pour une exécution entreprise sur Escoussens ; mais la pluye et mauvais tems les contraignit s'en retourner de demi chemin.

Le sergent Fabre étant allé avec échelles pour surprendre le château de Montpinier, fut découvert, nonobstant un grand vent qui souffloit, la garnison faisant une bonne garde, parce que, peu de jours auparavant, ledit capitaine Fabre y avoit été à même fin.

M. le duc de Montmorency, en ce tems, partant de Béziers, s'en vint trouver son camp, près Bize des Allières, vêtu de sa

(1) Le 9 décembre 1585, par conséquent.

casaque noire et la croix blanche semée de fleurs de lis d'or.
Comme il la chargeait, en présence de Madame sa femme et de
plusieurs seigneurs gentilshommes, il dit : « Ceci sera la fin de
la maison de Montmorency ou la victoire contre les ennemis
d'icelle ». Il avoit 8,000 arquebuziers, 500 chevaux, sept canons
et grand attirail de munitions. Cruzi, Quarante et quelques
autres villages avoient déjà obéi, comme aussi le capitaine
Marceyre, qui molestoit fort avec sa garnison. Ceux de Saint-
Pons se rendirent de plein gré au duc, et dès lors il commença
à battre les villages des environs de Narbonne qui lui étoient
rebelles, publiant tout haut qu'il s'en venoit droit à Chasteau-
neufdarry pour l'assiéger. Une barque chargée de marchandises et étoffes, partant d'Avignon pour aller à Narbonne par
mer, fut poussée par les vents, vers Agde, et prinse. Les étoffes
estimées à 30,000 écus, furent apportées au duc.

Ledit sieur avoit mandé aux gouverneurs de Foix, Lauragais et Albigeois de s'assembler avec toutes leurs forces et
tenir la campagne ez environs de Toulouse, pour empêcher
que les forces de Toulouse ne s'allassent joindre avec le sieur
de Joyeuse. Suivant cela, ledit sieur de Tanus, gouverneur de
Réalmont, s'en vint à Castres sur la mi-décembre, et, en chemin, rencontra quelques gens de cheval, lesquels s'encouru-
rent, ayant chargé, et après, suivis de lui, s'enfermèrent dans
Montpinier ; sans cela ils étoient défaits. Le cheval du capitaine
de l'Ange y fut blessé au museau d'un coup de coutelas. Ayant
couché une nuit à Castres, le lendemain 19, s'en partirent avec
les gendarmes et arquebuziers à cheval du sieur comte de
Montgommery pour s'aller joindre avec les forces de Lauragais et Foix assemblées à même fin par le sieur D'Audon,
sénéchal de Pamiers, et le sieur de Deyme, gouverneur de
Lauragais. Au départ de Castres, ils étoient 100 corps de cuirasse et 60 arquebuziers à cheval.

Le roy de Navarre arriva à Montauban, le vendredy 20 décembre, avec une partie de ses forces, et M. le vicomte de
Turenne, avec l'armée qu'il avoit amassée, cotoyoit le Limozin
et Haut-Quercy. L'armée du duc du Maine étoit sur les confins
du Poitou et Xaintonge en nombre de 8,000 arquebuziers, 3,000
chevaux, une ou deux bandes d'artillerie et grand attirail. Il

sera dit ci-après l'occasion de l'arrivée du roy de Navarre à Montauban.

La veille de Noël, le capitaine Bacou, ce grand renommé voleur, infracteur, violateur, grand ennemi de la paix et tranquillité publique, après avoir fait plusieurs fois assemblées de gens, mis en ruine et pauvreté les terres de Brassac, où il se tenoit, Le Bès, Cambounés, Castelnau et autres lieux de montagnes de ce diocèse de Castres, s'étoit acheminé à Lavaur pour y exécuter, comme il disoit, une entreprinse ; mais une simple lanterne, éclairant le fossé, le fit retirer, sans y faire autre devoir. Dieu empêcha ces desseins pour sa méchante vie, blasphèmes et reniemens. Il avoit 400 hommes avec lui, la plupart voleurs, sous le capitaine Puech de Terrebasse, Fèdel et La Laugeyrie, le jeune, ses complices. Ils vindrent, avec enseignes déployées, passer auprès de Castres le jour de Noël, comme l'on étoit au prêche ; et pour ce, il y fut donné, au devant le temple, par le tambourin, une alarme si chaude que la plupart cuidoit que la ville étoit surprinse par l'ennemi. Ce qui mit en telle frayeur les femmes, que plusieurs en évanouirent dans le temple, et quelques-unes, enceintes, en cuidèrent perdre le fruit. Il sera dit ci-après l'auteur d'un tel désordre et les occasions pourquoi.

Les troupes de cavalerie, parties de Castres et Albigeois, s'acheminèrent en Lauragais et, jointes avec le sieur de Deyme, gouverneur dudit pays, firent courses et baitirent l'estrade sur le grand chemin françois jusques à Villepinte, sans rencontrer aucunes troupes de l'ennemi, car elles étoient jà passées. Ils firent quelques prisonniers auprès des fauxbourgs de Castelnaudarry, sans que la compagnie des gendarmes du sieur du Ferrals, sénéchal dudit lieu, qui tenoit garnison, fit semblant de sortir ; ains la plupart s'en partirent deux jours après, faute de payement. En s'en retournant, nos troupes rencontrèrent quelques 25 arquebuziers de l'ennemi qu'ils défirent, s'étant bravement défendus ; et le jour de Noël revindrent à Castres ayant, en passant près de Alzonne, défait 8 ou 9 arquebuziers qui étoient sortis des premiers sur eux.

Cependant le duc de Montmorency campoit ez environs de Narbonne, faisant couper la partie du canal que la rivière

d'Aude fait allant à Narbonne, et mettant garnison par tous
les villages prochains ; dont ceux dudit Narbonne entrèrent en
telle inimitié et indignation contre le sieur de Joyeuse, qu'il fut
constraint sortir de nuit et se retirer à Carcassonne pour éviter
leur fureur. Malhac se rendit à composition, et plusieurs autres
villages. Au moment où le sieur de Sendal, lieutenant de la
compagnie des gendarmes du duc, entroit audit Malhac, comme
il mettoit pied à terre, survint une compagnie d'infanterie
conduite par 15 ou 20 gendarmes du sieur de Cornusson, sénéchal de Toulouse, que les sieurs de Cabanès et de Cabrilhes
conduisoient pour soumettre ledit Malhac ; et jà étoient près la
porte, quand le sieur de Sendal en fut averti. Il sortit sur eux
et défit lesdites gens de cheval, où ledit Cabanès, maréchal de
logis de ladite compagnie de gendarmes de Cornusson, fut prisonnier et quelques autres. L'infanterie ayant baissé les armes,
se rendit et tous vinrent au camp du duc qui les reçut.

Le duc, bien qu'il menât le canon, ne battoit aucune ville,
ains les essayoit par persuasion et promesses, pour éviter effusion de sang et épargner, à plus grand besoin, ses soldats et
munitions. Par ce moyen, grand nombre de villages des environs de Narbonne se rendirent à lui. De là, prenant son chemin
en Terrebasse, reçut à composition Pépieux, Azilhe, Azilhanet
et quelques autres. Ce fait, il se retira à Béziers, sur la fin de
décembre (1), tant à cause du mauvais tems qu'il voyoit venir,
que pour y tenir les Etats qu'il avoit assignés au premier janvier. Il mit son camp à couvert en garnison aux villages qui
s'étoient rendus à lui. Il avoit auparavant mandé aux gouverneurs de Castres, Albigeois et Lauragais de s'assembler pour
entreprendre sur quelques villages audit pays, comme il leur
étoit aisé, l'ennemi n'ayant forces pour les empêcher, étant
toutes occupées contre le duc. Mais ils n'en firent rien, à cause
du peu d'union et intelligence qu'ils avoient ensemble.

En ce tems, les habitans de Lautrec étoient fort maltraités
par le capitaine d'une garnison de gascons qu'ils y avoient
reçue, plus forte que les habitans. Desquels, Carmene, consul,
cuida être tué à coups de dagues sur la porte de Burtha, juge

(1) Le 8 janvier 1586, d'après Charbonneau qui était là.

du lieu ; Moustache et Gontier, bourgeois, menacés de mort s'ils ne trouvoient argent pour leur payement, et la ville d'être saccagée. La Bruguière aussi étoit malmenée de la garnison que le sieur d'Ambres y avoit mise. De ces deux villes, la garnison ne sortoit jamais que de ceux de la ville n'en y eût autant en nombre qu'eux. Les autres gardoient la ville, car craignoient que s'ils sortoient tous, on leur fermât les portes. Voilà que c'est de recevoir plus forte garnison que ne sont les habitans d'une ville, c'est se mettre en danger apparent d'être pillés et saccagés. En somme, outre le déshonneur qu'en peut advenir à l'honneur du sexe féminin, c'est se rendre serviteur et esclave de ce dont l'on est maistre.

Le bled qui avoit été assez à son prix durant le cours de l'année, depuis la Magdelaine jusques à Noël, eu égard qu'en autre province on avoit faute : comme de cent sols à cent dix, six livres, jusques à 7 livres tournois à Carcassonne, excéda dix livres tournois le setier, Il advint, chose non jamais entendue de mémoire d'homme, que le bled d'Albigeois étoit porté à charges jusques à Lyon où se vendoit 20 livres tournois le setier (1). En pays de Bourgogne, Champagne et autres provinces du royaume par où les armées de la Ligue avoient passé et séjourné, ne trouvoient qu'à un prix excessif, lorsque n'étions qu'à la moitié de l'année. Le Seigneur veuille avoir pitié de son pauvre peuple.

Le duc de Montmorency écrivoit à Castres pour avoir 2,000 setiers bled, pour subvenir au Pays bas qui en avoit faute, disant que, en échange, il bailleroit pour autant de poudres, boulets, et autres munitions de guerre, on les tiendroit en compte sur les restes de l'argent que cette ville et le diocèse lui devoient. A cela fut gracieusement répondu que, sans un

____

(1) Un négociant écrit de Lyon, le 12 août 1585 : « ... Nous sommes en un pauvre règne en ceste ville, car le blé est si cher que c'est grand pitié. Nous avons la peste et quasi la famine. Si ce bon Dieu ne nous aide, il y aura grand pitié en nou_ tous, car la force est toute décrue. Il a fallu que la poste soit allée à Lisle pour la commodité du passage fort douteux au pays d'en bas... » (*Arch. des hospices civils de Toulouse*, pap. Lecomte). — Quant au prix du blé à Castres, il éprouvait alors de grandes fluctuations ; mais, en temps d'abondance, il valait à peine deux à trois livres le setier. Voir *Journ. de Faurin*, p. 59 et note.

extrême danger et perte toute évidente de Castres; l'on ne pourroit lui agréer en cela; mais que, avec argent, l'on trouveroit bien moyen de recouvrer du bled des châteaux des environs de Castres et autres villes circonvoisines.

Nouvelles arrivèrent, en ce tems, que Henri de Bourbon, prince de Condé, ayant fini la levée des étrangers, étoit prêt d'entrer en France avec grosse puissance. Ce qui fut cause que quatre régimens d'infanterie, que le duc de Guise envoyoit de renfort à M. le duc du Maine, son frère, rebroussèrent chemin.

La compagnie des gens de pied de la garnison de Castres, dont le capitaine Franc avoit charge comme sergent-major, par la négligence des consuls comme a été dit, fut en ce tems, par faute d'entretènement, cassée et rompue d'elle-même, et la plupart d'icelle envoyée à Cuq pour vivre.

La plupart des soldats à cheval du gouverneur se despartirent de la compagnie, pour vivre à leur pouvoir, en la ville, parce qu'ils n'étoient payés de leur solde; comme aussi quelques gendarmes de la compagnie dudit sieur se fàchoient fort du retardement de leur paye, ayant beaucoup et plus dépensé, depuis leur arrivée à Castres, qu'il n'avoient reçu de solde, en rejetant la faute sur leur chef qui les y avoit fait venir. Ils disoient, comme il étoit vrai, que la ville et diocèse les payoit entièrement des deniers qui, à ces fins, avoient été imposés, et ils recevoient de ses mains comme bon lui sembloit, sans y avoir commissaire ny controleur, ny faire montre en armes, suivant les ordonnances; ains, par manière de dire, en chambre seulement. Or, faut noter que pour subvenir au payement des deux compagnies, le diocèze imposoit 8,333 écus sols un tiers, de 3 en 3 mois. Outre ce, il falloit faire la garde et réparations aux dépends de la ville, chose non jamais auparavant entendue ni pratiquée entre ceux de la Religion, part et outre 5,000 écus sols que M. le duc s'étoit réservé sur le corps du diocèse pour l'entretient de son armée, dont il avoit jà reçu 3,000 écus, et il étoit pressé de voir apporter le reste; tellement que le pauvre peuple n'en pouvoit plus.

Ce fut cause qu'une assemblée du diocèse de Castres ayant été convoquée, tant de la Noblesse que du Tiers-Etat, environ

Noël, pour pourvoir à faire nouvelle imposition, pour l'entretènement de la dite compagnie de gendarmes du gouverneur,
refusa, tout à plat, serment sur ce dessus, mettant en avant que
outre les charges et impositions immenses, ils étoient mangés
par les compagnies que le capitaine Bacou levoit à tous propos
et sans occasion dans le diocèse, pour ravager et piller les
terres, non des ennemis mais de la Religion, sous couleur des
entreprinses qu'il disoit avoir en main, dont les terres de
Brassac, Châteauneuf, Angles, Le Bez, Cambounès, La Crouzette
et Lautrec étoient détruites (1).

Le sieur de Boissezon, lieutenant de la compagnie des gendarmes de Montgommery, à Castres, voyant la pauvreté du diocèse et que l'on n'y faisoit la guerre à bon escient, comme étoit
requis, print congé et se retira en ce tems pour aller s'employer
ailleurs, comme il en avoit bonne affection. Il étoit fort redouté
de l'ennemi ès environs de Castres.

Peu de jours avant son départ, il avoit prié M. Floris, ministre, de l'accorder avec Messieurs les conseillers pour le différent
de la séance ci-dessus écrit, se soumettant à ce que le Consistoire ou lui-même en ordonneroient. Il l'en pria affectionnement
montrant, par semblant, être fort déplaisant de ce qu'il avoit
fait. Ce fut cause que le Consistoire, le rapport fait, donna avis
que le sieur de Boissezon avec les gentilshommes se pourroient
mettre à main gauche de la chaire, qu'est le banc du Consistoire;
et céder la dextre aux conseillers, ce qu'il fit après avoir
entendu ledit avis. L'on reconnut évidemment au Consistoire
que tout venoit du juge, parce que quelques opinans de sa
faction vouloient rompre à ce coup, alléguant que M. le comte ne
le permettroit pas, et que M. Daures (2), plus ancien conseiller,
quitteroit sa place pour tel autre que l'on voudroit. Ils s'y
opiniastroient fort ; mais le reste l'emporta.

(1) On tint alors consécutivement trois assemblées du diocèse. Dès la première, le Conseil du gouverneur donne sa démission, le 21 déc. 1585. Dans la
deuxième on se plaint de Bacou, le 24 ; dans la troisième, on reconnaît que
la dépense des frais de guerre dépasse de 1.200 livres le chiffre des recettes,
et le conseil maintient sa démission, le 25. Il y eut encore sur le même sujet
une quatrième réunion du quartier de la montagne tenue à Vabre et présidée
par Antoine Gaches, le 8 janvier 1586 (Arch. du Tarn, C. 1017).

(2) Thomas de Lamensens ou Laminsans, sgr d'Auros, conseiller au Parlement et à la Chambre mi-partie de Languedoc.

Nouvelles arrivèrent, en ce tems, que le Roy était averti de
la grande armée qui se dressoit en Allemagne pour entrer en
France au secours des églises réformées, que les sieurs princes
en faisoient profession, et que les catholiques unis inclinoient
de plus fort à la paix que ceux de la Ligue empêchoient toujours.
A ces fins, il étoit après d'envoyer au Roy de Navarre les seigneurs de Biron, maréchal de France, et de La Nouë sorti n'y
avoit guères de prison et des mains des Espagnols, en Flandres ;
ce qui avoit été cause que le Roy de Navarre étoit venu à
Montauban avec petit train, pour être plus proche du duc de
Montmorency, et, s'il étoit besoin de conférer, s'avancer
encores jusques à Castres, ayant laissé toutes les forces au
vicomte de Turenne qui cotoyoit l'armée du duc du Maine de
bien près, ayant mis garnison à toutes les villes qui lui venoient
en tête, et lui, avec le reste, tenoit la campagne, consommant
les vivres ez endroits où l'ennemi prenoit son chemin. Ce qui
empêcha fort l'armée de la Ligue d'approcher vers Toulouse,
comme étoit leur dessein. Au cas que ladite armée passât la
rivière de la Dordogne, Monseigneur le duc de Montmorency,
avec son armée, devoit s'approcher vers Toulouse le plus qu'il
pouvoit, y consommer les vivres et faire dégât à la campagne
de ce côté, et le sieur vicomte de Turenne de l'autre, et empêcher ainsi que les forces des catholiques romains ne se unissent
ensemble pour se joindre avec le duc du Maine. Il y a apparence
que, s'il eût plu à Dieu se servir de ce moyen, il eût bien réussi
pour sa gloire et pour le salut de son pauvre peuple affligé
injustement par ceux de la Ligue.

D'autre côté, comme il plaisoit au Seigneur bénir les entreprinses des siens, vindrent nouvelles certaines que les sieurs de
Lesdiguières, de Montbrun et autres seigneurs gentilshommes,
en Dauphiné, gagnoient toujours pays tenant la campagne,
hors de Montélimar, avec 5 ou 6,000 hommes de pied et 1,000 à
1,200 chevaux. La ville d'Ambrun s'étant, de son bon gré,
rendue et soumise à leur dévotion, l'armée s'en étoit accrue
d'un tiers. Plus est que les vallées de Piedmont, qui joignent
audit Ambrun, venant au secours, augmenteroit la dite armée
de beaucoup, quoique le sieur duc d'Epernon fût audit pays
avec peu de forces et moins d'affection. Ainsi on empêchoit le

cours de ladite armée, comme la lettre écrite par M. de Clauzonne, président en la Chambre de l'Isle, écrivant de Nîmes à Messieurs les conseillers, à Castres, le portoit ; disant aussi que depuis Béziers jusques au Pont-Saint-Esprit, tout étoit libre et ne savoient que c'étoit de la guerre tout étant réduit. Voilà comme notre bon Dieu bénissoit les siens.

En cette année, 1586, furent créés consuls en la ville de Castres, le premier du mois de janvier : Messieurs Antoine Thomas, bourgeois, Pierre Dupuy, notaire, Guillaume Donnadieu, de l'Albenque, et Ramond Prat, tanneur, de Villegoudou. Leurs conseillers furent : Messieurs Ramond de Villaret, Abel de Rotolp, docteurs, Sévérac Barthélemy, Mathelin Fournes, Jean Fournes son frère, Jean Jouy, Jean Punier, Jean Bourdairol, Ramond Pélissier, Antoine Valery, fils d'Armand, Jean Auque.

Ce fait, M. Pierre Ycard, procureur du roy, bien qu'il fût présent quand l'élection fut présentée au juge et qu'il connut bien les personnes présentées et sçut leurs consanguinité, au lieu d'impugner lors lesdites élections, comme faites contre les privilèges, coutumes et statuts anciennement observés à Castres, n'en souffla mot pour lors ; mais le lendemain, suscité par quelques uns, il s'opposa pour le regard desdits Donnadieu et Prat, disant être beaux-frères. Il ne dit rien de Thomas et Mathelin Fournes qui sont beau-père et beau-fils, tous aux premiers ters (1), Jean Fournes frère et Jean Jouy, cousin-germain dudit Mathelin et, ledit, autre cousin de Jouy. Là dessus, le juge ordonne que l'élection sera refaite, pour le regard de Donnadieu et Prat ; lesquels de ce avertis, comparoissent devant lui et, en présence dudit procureur et de maître Michel Sévérac, syndic de la ville, consentent que tous deux

(1) Sur le mot *ter* et la manière dont on procédait aux élections consulaires, voyez : *Journal de Faurin*, pp. 60 et 131, note ; et *Mém. de Gaches*, p. 233. — Pierre Icard, protestataire constant des élections, s'était vu bafouer à ce sujet, en 1582. On retrouve souvent son nom dans les registres des délibérations du Conseil de ville conservés aux archives municipales de Castres. L'année 1586 est une de celles qui manquent à cette importante collection.

soient otez de la liste des consuls, ce qui est ordonné. Le 3me
dudit mois, le juge, sur autre réquisition faite par ledit Sévérac,
par autre ordonnance, sans appeler ceux qui avoient opiné avec
lui le jour précédent, ni ouïr Donnadieu et Prat, ordonne que
Prat demeurera en charge de quatrième consul. Donnadieu, tiers
consul, étoit tiré, et à son lieu mis le susdit Auque. Donnadieu,
lui, présente cédule appellatoire, réclamant à Monseigneur le
duc, comme supérieur, remontre ce dessus, et que, s'il y avoit
eu vice en leur élection, il y devoit demeurer comme premier
nommé, Prat exclus comme dernier nommé. En passant, il
infirme le premier ter, pour les raisons déduites, présente
requête à M. le comte de Montgommery, à ce que l'appel fût
tenu pour relevé, avec les inhibitions requises; ce qu'il ordonne
le dimanche en suivant. Le juge étant sur le point de donner le
serment audit Auque revenu de Béziers le soir précédent, et le
tout disposé par Ramond Paylan, dit Roquecande, son beau-
frère, pour gratifier, auquel ledit sieur juge avoit commis lesdits
abus et nullités, Donnadieu lui fait signifier la requête. Le juge
la retient, et ne veut permettre l'exploit avec acte de notaire.
Donnadieu proteste contre lui des attentats et le prend à partie.
Enfin, à grand peine et difficulté, le juge diffère à l'appel; mais
bien à grand regret. Plusieurs personnages, gens de bien et
d'honneur, de la ville, et réfugiés en icelle, trouvoient fort
étrange la procédure du juge de s'opiniastrer d'en tirer Donnadieu, connu homme de bien, de bonne vie et mœurs, pour
complaire à Paylan, en y mettant Auque qui n'en avoit que
faire, sachant bien que, dans aucune occasion, il n'avoit jamais
pu entrer à être seulement nommé au conseil de la ville. On
s'étonnoit aussi que le juge n'eût acquiescé à ce que M. le comte
de Montgommery, gouverneur, prié par les dites gens de bien
et d'honneur, ordonnât, sur la requête à lui présentée par les
vieux consuls et conseils, que la première élection aurait son
effet, veu le tems calamiteux des troubles, pour le bien de paix
et sans conséquence pour l'advenir; ains s'étoit fermé là
opiniâtrement, troublant par ce moyen la paix publique et
union des habitans qu'il a toujours entretenus en division et
partialités, avançant les uns et reculant les autres des honneurs
et dignités publiques de la ville, contre ce qu'en ont dit et pra-
tiqué les sages et anciens législateurs.

M. Thomas, consul premier, refusoit aussi prendre le serment, disant n'être libre en sa maison, en secret. En public, il alléguoit autres prétextes, le tout afin de gagner ce point, que M. le gouverneur, logé chez lui, changeât de logis (1). De sorte que Du Puy prêta seul le serment. Trois jours après, Prat le refusoit pour les mêmes raisons que Donnadieu ; mais, y étant forcé par crainte d'une garnison de soldats ordonnée à son refus par M. le gouverneur, il obéit sous protestation dudit appel, le lundy, 3 dudit mois, et Thomas aussi.

Mais ce ne fut pourtant achevé, car quelques-uns, à la maison commune, en changeant les ordres de la séance des conseillers, faits par Sévérac, capdebanc de l'année passée (2), avoient mis Matelin Fournes avant Villaret, docteur, pour être capdebanc, et les sires Agret et Faury, avant de Rotolp, docteur, faisant injure aux degrés de la jurisprudence ; et, bien que Agret et Faury voulussent céder, comme n'ayant brigué leur place, si est que Fournes, couvertement, se fermoit là. Ce qui fut cause qu'ils en présentèrent requête au juge qui étoit bien aise de cet estrif, Villaret et Rotolp n'estant pas de sa partialité, lequel promit faire justice, tirant cependant les affaires en longueur ; mais enfin, pressé, il rapporta le procès, et la requête fut interinée. Ce ne fut pas tout, car sans prononcer le jugement, il voulut moyenner que les consuls y pourveussent eux-mêmes, comme ils voulurent faire ; mais les autres voulurent que le jugement fût prononcé pour leur servir de titre et de préjugé à l'avenir. Depuis, et le 14e janvier, la sentence fut prononcée, et il fut ordonné qu'ils prendroient les bourgeois, marchands et artisans. Ladite sentence fut dépêchée par Me Jean Boyer, substitut de M. La Combe, contrôleur.

M. Jean-Bissol, second consul de Castres l'année passée, fut envoyé à Béziers pour voir la disposition des affaires et si les Etats commençoient encore, pour en avertir la ville et les

(1) Montgomery logeait chez Thomas « avec son train » depuis le 27 août 1585. Celui-ci se plaint souvent aux Etats du diocèse et au Conseil de la ville de Castres « de la ruine de son linge et autres ustensiles, par le moyen du logement du gouverneur ». Il demande des indemnités ; on ne voit pas qu'il lui en fût accordé. (Arch. de Castres.)

(2) Le chef de banc était le premier conseiller pris parmi ceux de l'année précédente (Mém. de Gaches, p. 233, note).

députés de Lauragais arrivés en icelle pour éviter frais et dépens (1).

Lesdits députés, entre lesquels étoient M^{tres} Pierre de Roux, de Puylaurens, et Pech, de Sorèze, partirent de Castres avec M. Pierre Dupuy, second consul d'icelle, et s'acheminèrent vers Béziers pour se trouver aux Etats, le samedy 10 dudit mois. Le jour précédent, étant à cheval, prêts à partir et déjà hors la porte, survindrent 30 ou 40 arquebuziers de Mazamet conduisant Calier, soldat blessé, à Castres, par lesquels furent avertis que l'ennemi les attendoit en embûche près La Garrigue en nombre de 12 chevaux et 50 arquebuziers ; qui les avoient constraint de gagner le logis de La Vitarelle, ayant été suivis jusques là par lesdits ennemis. Ce fut cause que pour ce jour ils ne partirent. On sçut au vray qu'il y avoit à Augmontel autre embûche de cavalerie, et infanterie pour surprendre lesdits députés, du départ desquels il n'y avoit que ceux du conseil de M. le gouverneur qui le sussent (2), et se douttoit-on que quelqu'un d'iceux en eut secrètement donné avis à ceux de La Bruguière ; car aussi a été observé souvent que, quand il se délibéroit quelque chose au Conseil pour aller surprendre quelque château ou dresser quelque embûche aux ennemis, ils en étoient soudain avertis, tant ils avoient de gens à leur dévotion. Aussi, cela a été une des principales occasions qui a empêché le sieur comte et sa compagnie d'exécuter des belles entreprinses sûres. Toutes fois, il fut avisé, en son conseil privé, pour plusieurs grandes considérations, ne s'en servir que avec le tems, comme il sera dit ci-après.

Le premier jour de juin, le fort château de Lombers faillit à être prins par le capitaine Andrieu, et Bessert et Sergent, chefs

(1) Le notaire Bissol et Jean de Ligonier, « receveur du diocèse de Castres pour le payement des deniers qui restent dûs aux estrangers qui sont venus secourir ceux de la Religion Réformée en ce royaume ès troubles passés », furent députés aux Etats de Languedoc par délibération du conseil de la ville de Castres, du 23 décembre 1585 : « ... Vu le notoire danger des chemins, on leur promet indemnités et relevances... » (Arch. de C.)

(2) Le Conseil donné à Montgomery était composé de : Bertrand de Rozel, sgr. du Causse, pour la noblesse ; Antoine Thomas, pour la ville de Castres ; Dominique de Bouffard, sgr. de Lagarrigue, pour le plat pays ; Antoine Gaches, de Vabre, pour la montagne ; le juge, deux consuls et le syndic de Castres (Arch. du Tarn, c. 1017.).

des voleurs et bandoliers se disant de la religion. Ils avoient enfoncé deux pons-levis et deux portes avec pétards, et comme ne restoit qu'un pétard à poser à la dernière, un soldat de la garde, étant au machicoulis, jeta une pierre qui enfonça la tête audit sergent et le tua ; et, n'étant secondés, les autres se retirèrent.

La ville de Cuq, en Lauragais (1), cuida être surprinse, le 10 dudit mois, par les menées du sieur de Roquevidal, lequel, ayant dressé embûche, envoya après l'ouverture de la porte, trois soldats armés, à couvert. Interrogés par un des portiers, ces soldats répondent qu'ils sont de Puylaurens, et toujours s'acheminoient pour gagner la porte de la ville. Le portier les suit et dit qu'ils ne sont point de Puylaurens. Là dessus, un d'iceux lui tire un coup de pistolet au corps et l'atteignit en glissant. Un soldat de la ville ce voyant, s'efforce de fermer la porte. Les autres mettent les épées entre deux pour empêcher qu'il ne fermât le guischet. Une chambrière ce voyant, monte sur la porte et, d'une grosse pierre, assomme et tue un desdits soldats. Le capitaine Rastel (2) oyant l'alarme, saute du lit et, prenant le corps de cuirasse, s'achemine droit à la porte où déjà un pétard étoit attaché. Il ouvre promptement le guichet et coupe la saucisse de la poudre attachée au pétard. Ce fait, avec 12 ou 15 hommes, il sort dehors où l'embûche se découvrant, il fit tirer arquebuzades à travers, qui en tuèrent et blessèrent plusieurs. Celui qui fut tué par la chambrière étoit le maître d'hôtel, ou secrétaire du sieur comte d'Aubijoux, vaillant homme. Ceux de Puylaurens entendant l'alarme à Cuq, s'y acheminent au secours et découvrent la troupe que conduisoit Roquevidal, tirant au chemin de Lavaur ; mais, pour être trop grand nombre, ne les osèrent attaquer. Un soldat, de Bardiolle (3), envoyé par Roquevidal à Cuq sous couleur d'aller

(1) Sur la ville de Cuq-Toulza, brûlée et anéantie en 1622, voyez une notice de M. H. de France, dans le *Bul. de la Soc. de l'Hist. du Prot. Franc.* XXXI, p. p. 118 et 171. V. aussi *Recue du Tarn*, IX, p. 282.

(2) Deux capitaines Rastel, Bertrand et Gabriel, sont mentionnés dans un extrait de registre des délib. consistoriales de Cuq-Toulza, en 1578. (Arch. du château de Lavernède, app. à Mme Ed. de Falguerolles.)

(3) N'est-ce pas Bonières qu'il faudrait ?

faire expédier quelque instrument, avoit reconnu et visité la porte et le rastelier, y ayant été 3 ou 4 fois pour cet effet, tellement qu'il y étoit jà reconnu de plusieurs.

La reine de Navarre faisant sa résidence en la ville d'Agen où elle faisoit grosse assemblée de gens de guerre en faveur de la Ligue du duc de Guise qu'elle avoit signée contre son propre mary, sous la conduite du sieur de Duras faisoit un amas de troupes. Par son commandement, l'on cessa de prêcher la parole de Dieu, et furent prins les livres de M. Barthélemy, ministre de la parole de Dieu, et tous les autres livres de la religion brûlés publiquement. Il y avoit grande inimitié entre elle et le roy de Navarre, son mary, pour ce que, peu de jours auparavant qu'il vint à Castres, avoit été surpris un des secrétaires d'elle portant lettres (1).

Le roy, pendant que le duc de Guise et la Ligue faisoient leur amas de gens de guerre en Champagne, Bourgogne et Auvergne, fit faire levée, au pays des messieurs des ligues des Suisses et Grisons, de 12,000 hommes en Allemagne, de 6,000 reistres et 6,000 lansquenets, lesquels promptement s'acheminèrent au mois de may dernier en France et furent tous logés à Paris et environs, pendant que Madame, mère du roy, étoit allée parler avec le sieur de Guise, à Epernon.

En Auvergne, se mirent tous en armes en faveur du duc de Guise, et tirèrent hors du pays hommes et femmes faisant profession de la religion.

En ce tems, la reine d'Angleterre, les rois de Danemarck et d'Ecosse, le duc de Brunswick et autres princes d'Allemagne avertis que le duc de Guise entreprenoit sur l'Etat du roy, lui envoyèrent ambassadeurs offrir leurs forces et moyens pour le service de S. M., contre ledit duc de Guise et ses adhérens.

A ces fins et même effet, furent envoyés ambassadeurs devers le roy de Navarre, lui offrir tout secours pour le soutènement et conservation des églises réformées de France au cas que ceux de la Ligue, comme ils avoient déclaré par exprès, voulussent leur courir sus ou qu'il y eût quelque intelligence secrète entre

(1) Batailler ne nous apprend ici rien de nouveau, si ce n'est le nom du pasteur d'Agen que l'on ne trouve pas dans la nouvelle édition de *La France protestante.*

le duc de Guise et autres de ce royaume qui se voulussent joindre à lui lorsque leurs forces seroient assemblées. Parce que, comme il a été dit ci-dessus, l'offre que le roy de Navarre avoit envoyée au roy de le secourir de 20 mille hommes de la religion avoit été fort humainement acceptée de S. M. ; mais son conseil avoit trouvé bon de ne s'en servir pour encores, afin de ne mettre en soupçon les catholiques paisibles et affectionnés au roy, et détourner ceux qui, sous faux prétexte, s'étoient joints à la Ligue et leur donner le temps de se remettre au service du Roy et se départir de ladite Ligue, suivant les édits que Sa Majesté en avoit faits publier. D'ailleurs, les catholiques qui s'assembloient en Languedoc et Guienne (qui ne savoient désavouer l'intention du roy et sa bonne affection à maintenir en paix son peuple d'une et d'autre religion suivant ses édits), publioient et se faisoient accroire que l'armée du roy étant rassemblée se joindroit à celle du duc de Guise pour tous ensemble courir sus à ceux de la religion, ou jà nous disoient tout haut qu'il seroit en la puissance de Sa Majesté de faire combattre son armée, composée de catholiques seulement, contre l'armée du duc de Guise, étant aussi tous catholiques. Là dessus jugeoient mêmes, entre les nobles de ce pays, qu'il y avoit quelque grande intelligence entre le duc de Guise et le conseil du roy, vu qu'ils disoient que la reine mère et la reine de Navarre, sa fille, étoient de la Ligue. En attendant ils avoient plusieurs conférences ensemble, sous couleur de trouver quelques moyens de paix. Ce qui plus le confirmoit en cette opinion, étoient les demandes du duc de Guise qui vouloit avoir, pour lui et les siens, les principaux gouvernemens des provinces de ce royaume, et pour assurances, en ôtages, les meilleures places fortes d'icelui. Mais le roy avoit montré tant de signes manifestes de sa foy au roy de Navarre, qu'il avoit averti du tout et M. le duc de Montmorency, et maréchal de Matignon, tant avec l'exécution à mort qu'il avoit fait faire du sieur de Montaud (1) convaincu d'avoir voulu attenter sur sa personne en faveur et à l'instigation du duc de Guise, que aussi du supplice d'un des capitaines de ses gardes qui eut la tête tranchée pour

(1) V. Jour. de l'Estoile, 11 mai 1585.

avoir signé la Ligue, et ne l'avoir découvert à Sa Majesté, suivant ses édits, que aussi les déclarations par lui faites en son lit de justice et cour solennelle de son parlement de Paris, l'ordre et police par lui mise en ladite ville, le contentement qu'il avoit eu du succès des affaires de Marseille dont il avoit publié par lettres dressantes aux gouverneurs de ses provinces, que ceux de la religion ne s'en défioient aucunement, ains prioient notre Seigneur pour la prospérité de Sa Majesté, comme ils avoient toujours accoutumé ez prières publiques des églizes.

Les catholiques aussy le dirent. Ceux qui favorisoient le duc de Guise et la Ligue en ce pays, ouvertement ou en secret, étoient tous étonnés et ébahis de ce que ceux de la religion ne s'émouvoient ni alarmoient en voyant toutes ces menées et assemblées de gens de guerre catholiques, sçachant bien que s'ils y connoissoient aucune fraude contre eux, ils seroient promptement aux mains, comme ils l'avoient expérimenté autres fois.

La reine d'Angleterre en particulier avoit envoyé, comme a été dit ci-dessus, au roy de Navarre offrir secours d'hommes et d'argent. Son agent, conduit par M. Constant, de la suite du roy de Navarre, passant par Castres au mois de juin, s'achemina devers monseigneur le duc de Montmorency.

Le mercredy, 22me jour de juin, sur les 3 heures après midy, survint un tel tourbillon de vents, pluye mêlée de tempête en si grande violence qu'elle gasta et emporta tous les bleds. La tempête était si grosse qu'elle ravagea les couverts des maisons, tua et blessa plusieurs bêtes à la campagne ; de là vint à Viviers et Saïx où ne laissa aux vignes ny feuilles, ny raisins à Peyroux, grand et petit Puech, Sicardens, la Fosse et Lamellié, foudroya tout et fit grand dommage aux autres vignes de Villegoudou.

Les Etats du pays de Languedoc, cette année, furent assignés à Béziers au premier de juillet, où furent députés pour Castres : Monsieur Jean Bissol, second consul, Pierre Gaches s'en étant excusé et Monsieur Ligonnier, premier consul de l'année passée.

Le bastion de la porte de Fuzier fut commencé au mois de juin, et celui de Viane, sur le commencement du mois dernier.

Audit mois de juin fut dressé une entreprise par les catholiques de Rouergue, pour surprendre Vabre de Sénégas, aux

montagnes du diocèse de Castres, par le moyen de deux soldats
du lieu qui étoient révoltés. De quoi ayant eu avertissement, le
sieur du Causse, fils, manda secrètement à Castres force gens,
d'où en partirent 100 arquebuziers et des autres lieux circonvoisins s'en assemblèrent 3 ou 400, et de nuit furent disposés
sur les advenues dudit Vabre pour mettre entre eux et la ville
ceux qui devoient venir pour donner. Le tout étoit si bien et
si secrètement disposé que peu en fussent retournés en leurs
maisons. Cependant, l'assemblée de ces entrepreneurs se faisoit
à Poustomi, sous la conduite des barons de Barfeld et autres
capitaines perturbateurs de paix audit pays. Un jour de samedy,
sur les trois heures après midy, partirent en bataille 400
arquebuziers dudit Poustomi pour arriver à nuit close à Vabre,
distant 4 lieues ; mais voici que comme ils marchoient, arriva
un personnage inconnu à cheval, lequel courant au grand
galop parla à un des chefs qui était au devant de la troupe, et
tout à l'instant ils rebroussent chemin d'où ils étoient venus.
Le bruit courut, et étoit tout commun, que le capitaine La
Fenasse (1), qui avoit été emprunté pour se trouver à Vabre
et y étoit allé de Roquayrol en hors où il se tenoit, près de
Sénégas, avoit donné avertissement aux catholiques de tout ce
qui se passoit. Monsieur de Sénégas aussi se trouva à Vabre.
Ces catholiques se voyant frustrés de l'entreprinse de Vabre,
s'acheminèrent à Plaisance (2) pour les surprendre ; et, de fait,
firent voler deux portes avec les pétards ; mais ceux de la ville
accourant à l'alarme, les repoussèrent.

Comme ces choses passoient ainsi que à été dit, le capitaine
Cotton, Gaillard, le fils du capitaine Bousquet révolté et autres
voleurs catholiques, d'une part, et les voleurs qui se disoient
de la religion, faisoient plusieurs courses, voleries insignes,
méchancetés sur le pauvre peuple, interrompant le commerce

---

(1) Barthélemy Tournier, dit le cap. Lafenasse, dont Gaches cesse de parler dès 1574, vivait encore en 1600. Il figure, le 6 février de cette année-là,
dans le contrat de mariage d'Isaac Vareille, sgr. des Reclots (Rodière, not.
à Labessonié).

(2) Plaisance et Pousthomy sont dans l'Aveyron ; mais Vabre est dans le
Tarn, et il faut se garder de le confondre avec Vabres, ancienne ville épis-
copale de l'Aveyron.

public ; à quoi personne ne pourvoyait, ny mettoit remède, qui
étoit cause que le mal augmentoit.

Audit mois de juin, fut donné arrêt à Toulouse de prinse de
corps contre les consuls Bissol, Lucas et autres habitans, pour
la ruine des temples de saint Antonin et autre, adjournement
personnel contre M. le juge et tous ceux du consulat de la
ville (1).

Au mois de juillet, le roy de Navarre et le duc de Montmorency envoyoient de l'un à l'autre et écrivoient aux villes de se
fortifier, et pourvoir de vivres (2) ; mais au lieu de ce faire, les
consuls de Castres, se montrant lâches et négligens, dès le mois
de juin prochain, et jusques alors et après permettoient la sortie
du bled à tous allans et venans, de sorte que de tous les côtés,
de Saint-Pons, Carcassonne, Châteauneufdarry et circonvoisins,
les chemins étoient pleins de charrettes, et bétail de voiture
venant charger à Castres du bled, tellement que, par ce moyen,
la ville fut si dépourvue de bleds, qu'il ne s'en trouvoit point,
et que pis est, depuis le 24 juin, jusques au 7 ou 8 de juillet, il
fit un fort mauvais temps de bise, froid et pluye, si que les
gerbes et moissons pourrissoient aux champs. Ce fut cause que
le bled qui auparavant se vendoit 100 sols, se haussa jusques à
7 livres. Encore firent-ils pire, c'est qu'ils commencèrent vendre
500 setiers bled que Raymond Paylau avoit de munitions, un
bled pourri et gâté, tellement qu'il le vendait audit prix, le setier
ne pouvant venir à trois miches de pain. Pour accroître encore
la calamité du pauvre peuple, le commerce n'étoit libre pour
pouvoir trafiquer. D'ailleurs, le bruit couroit, et non en vain,
que les armées du roy et celles de la Ligue s'étoient jointes
ensemble et s'en venoient en Guienne et Languedoc pour assiéger les villes ; tellement que la pauvre ville de Castres n'eût pu
subsister par défaut de vivres, s'étant trouvée aucuns jours sans
pain à la place. Les riches et aisés qui avoient en premier gardé

(1) Cet arrêt est daté du 8 juin 1585. A part les consuls et le juge de Castres, il frappe encore : Landes, docteur et avocat ; Vilaret, docteur et avocat ;
Antoine Grimaud, métayer de l'hoste St George, et le d. hoste ; et Belline,
portier de la porte de Fuziés (Archives de la H.-G., fonds du Parlement).

(2) La lettre du roi de Navarre sur ce sujet est du 25 juillet 1585 (Hist. du
Lang. XII, 1119). Batailler est donc revenu en arrière.

leurs vieux bleds, s'en étoient défaits, et les consuls prenoient un et deux liards de chaque cartel de la sortie du bled ; si qu'il y avoit jour qu'il y valoit jusques 4 l. et 5 l., encore falloit acheter du bled et vert qu'ils indiquoient.

Les consuls Bissol et Alary étoient ceux qui plus permettoient la sortie du bled ; de sorte que tous nos ennemis s'en pourvurent et nous en dessaisirent expressément. La ville de Toulouse en fit grand amas, comme aussi Alby, Gaillac, Lavaur, Châteauneufdarry, Narbonne et Carcassonne. C'étoit fait en gens sages, de vendre le bled de la munition avant qu'avoir recueilli le nouveau ; notamment étant menacés d'un dégât, duquel Dieu nous préserve miraculeusement, comme j'ai dit.

M. Duranty, premier président, fit lors, à Toulouse, une assemblée de grands seigneurs et gentilshommes catholiques du pays, en laquelle, comme il a été su depuis, il proposa de faire faire le dégât du bled (1) ez environs de Montauban, Castres, Mazères, Puylaurens, Caraman, Lombers et Réalmont, de prendre les armes ouvertement, et leur faire la guerre, et si affectionné fut ; mais le sieur comte d'Aubijoux et le sieur d'Ambres s'y opposèrent et rompirent ce conseil, remontrant qu'il ne falloit pas réduire ceux de la religion à tel désespoir que d'en faire autant sur les catholiques, joint qu'il n'ont aucun mandement du roy de ce faire.

Ledit sieur président avoit été averti en poste par M. de Villeroy, secrétaire des commandemens du roy, que Sa Majesté avoit signé la Ligue ; dont à l'instant il s'en alla aux Corps Saints, qu'ils disent, à Saint-Sernin, faire dire un *Te Deum laudamus*. Encore vouloit-il faire feu de joye, de si bonne nouvelle, et le proposa à Mrs du parlement, les Chambres assemblées, lesquels ne furent de cet avis, attendu qu'il ny avoit aucun mandement du roy de ce faire. Ledit sieur président est homme fort affectionné à la ruine de ceux de la religion. Le bruit avoit couru que le Roy, par les menées de ceux de la Ligue, avoit signé les articles du Concile de Trente et accordé à tout ce qu'ils avoient voulu mettre à effet. Ce que plusieurs gens de bien, craignant Dieu, de la religion, en avoient toujours pensé (guères que

(1) C'est à-dire, ravager les récoltes sur pied, dévaster.

d'autres et plus grand nombre furent persuadés du'contraire)
fut à lire tout certain par la lettre que le roy de Navarre écrivoit
aux consuls et principaux de la ville de Castres, que j'ay prinse
de son propre original, détenue :

« Messieurs, parceque j'ay sceu que ceux qui sont auteurs
des Ligues et Conspirations naguères dressées contre la personne du Roy, mon seigneur, et de l'Etat de la France, et se
sont élevés en armes sous divers prétextes qui, à la fin, ont
forcé et constraint le roy, mondit seigneur, abusant de sa bonté
et de l'affection qu'il a au repos commun, de leur accorder
leurs injustes demandes, j'ay bien voulu vous en advertir par
la présente, et pour l'affection particulière que j'ay en votre
endroit, vous prier de penser à votre sureté et conservation, et
vous fortifier et munir de ce qui vous est nécessaire contre
lesdits desseins et entreprinses des dits conjurés, sans y obmet-
tre aucune chose. J'ay donné le même advis non seulement à
ceux qui sont en l'étendue de mon gouvernement, mais aussi à
tous autres que je pense en avoir besoin, m'y sentant obligé,
tant pour le degré que je tiens en ce royaume, et pour l'intérêt
que j'ay au bien de cet Etat, et à la manutention des loix fon-
damentales d'icelui, que aussi pour la protection de ceux de la
religion, y ayant été légitimement appelé. Et sur tout ce que
dessus, vous aurez recours à mon cousin, M. le duc de Montmorency, pour recevoir ses commandemens, et ses bons et sages
conseils et advis ; ce que m'assurant que vous ferez, ne vous
en dirai davantage si ce n'est pour vous asseurer de plus en plus
de ma bonne volonté en votre endroit. Et prie le Créateur vous
tenir, Messieurs, en sa sainte et digne garde. Le 15 juillet 1585.
Vostre meilleur et assuré ami, Henri (1). »

Les États du pays de Languedoc continuoient en ce tems,
auxquels M. le duc déclara ouvertement que nous étions à la
guerre, et qu'il se falloit hâter de les achever. Il promit employer
sa personne et moyens pour la conservation du pays, contre
les invasions des ennemis du repos et tranquilité publique.
Ledit sieur, dès le commencement de ces ligues avoit écrit souvent à Castres et autres villes de la Religion de se fortifier et

(1) Cette lettre a été reproduite dans les diverses éditions de l'*Histoire de
Languedoc*.

munir de toutes choses nécessaires, assurant que toutes ces menées des Ligues et autres, se dressoient qu'à la Religion directement, quelques autres prétextes qu'ils prinssent, et souvent disoit ces mots de Démosthène, que la défiance de ceux que si souvent avoient fait leurs folies, étoit le plus sûr moyen de nostre conservation.

Ceux qui s'étoient persuadés et résolus que le Roy, la Reine mère et leur Conseil, allégué à bon escient, marchoient de bon pied contre ceux de la Ligue, et qui par tel moyen s'assuroient que de là reviendroit un grand repos et soulagement aux Eglises de Dieu en ce royaume, furent étonnés, ainsin qu'on dit en commun proverbe, comme des fondeurs de cloches. Notamment, à Castres, ceux qui ont de tout tems leur cœur tendu à se remiser derrière les plus forts et nager entre deux eaux. De sorte que leur plus grand soin étoit de penser déjà à qui recourir pour se garantir, la tempête survenant. Les autres, plus gens de bien, qui n'avoient pas espéré moins que de ce qui étoit advenu, mettoient leur espoir en Dieu, s'assurant que c'étoit sa cause et qu'il ne l'abandonneroit point. Au lieu que les premiers étoient tous effrayés, ceux-ci en prenoient plus de courage. Là dessus, une assemblée est assignée à Castres au 28° de juillet, par le roy de Navarre et mondit sieur le duc, pour pourvoir aux affaires occurentes. Auquel jour, le colloque de cette province fut aussi mandé.

Mondit sieur le duc, en ce mois, envoyoit des chevaux au roy de Navarre lesquels furent prins et le gentilhomme qui les conduisoit, près de La Garrigue, demie lieue de Castres, par les capitaines Cotton, Gaillard, et le fils de Bousquet, révolté et amenés vers le bois de Lesseux ; mais, par la diligence des sieurs de Bieule et de Monfa, ils furent recouvrés deux jours après.

Cependant, se dressoient plusieurs entreprinses pour surprendre la ville de Castres. Ce fut occasion de y faire faire bonne garde.

Ledit Cotton ou susdit Gaillard Bousquet, capitaine Landresse, continuoient leurs courses et prenoient les charettes de bled qui venoient à Castres. N'étant que cinq ou six, ils contraignoient les principaux de Castres à leur envoyer taffetas, chapeaux et accoustremens pour éviter que leurs métairies ne fussent brûlées, comme ils les menaçoient. Ils venoient jusques auprès de la ville, sans aucun empêchement. Le capitaine Bacou fit en ce tems une entreprise sur Mondragon ; et ayant enfoncé trois portes avec ses pétards, il ne put forcer une barrière de barres dressées derrière les portes et fut repoussé.

Les capitaines Basset et Andrieu dressèrent aussi une entreprinse sur Vielmur ; mais furent découverts, Dieu interrompant leurs desseins, puis que n'ayant point vocation légitime.

Le dernier jour de juillet, le duc de Montmorency arriva à Castres avec sa compagnie d'Albanois et grande suite tant d'une que d'autre religion. Il fut logé chez M. de La Garrigue, comme au précédent voyage, et sa compagnie, partie à Mazamet et Pont-de-Larn, et autre partie à Roquecourbe. Il pensoit trouver à Castres le roy de Navarre ; M. de Chatillon étoit avec lui. Lequel, en ce voyage, fit le dessein du boulevard d'Ardène et le fit tracer et marquer. Celui qui y avoit été fait auparavant, de pierre, avec grands frais et immenses dépenses, ne servant à celui-ci que de cavalier.

Pendant le séjour dudit sieur à Castres (qui vint bien à propos pour parachever la récolte des bleds qui avoit commencé d'être empêchée par Cotton et autres) il écrivit au roy de Navarre et pressoit sa venue. Cependant, il moyenoit de faire en sorte que, entre les villes de Lautrec, Vielmur, La Brugnière, Soual et Sémalens, y eût union avec Castres, quelque guerre que fut, leur promettant de les entretenir sous le bénéfice des édits de pacification. Et de fait, pendant ce voyage, il fut à La Brugnière, où il ne séjourna que deux heures, laquelle enfin, après plusieurs difficultés, promit obéissance, comme aussi les susdites villes, hormis Lautrec et Vielmur qui ne voulurent entendre. Ceux de Lautrec firent réponse que, quand la ville de Castres obéiroit à l'Edit du Roy dernièrement fait, ils obéiroient au duc, et de bouche, ils dirent au porteur que quand les ministres auroient vuidé de Castres, suivant ledit Edit, ils viendroient à l'Assiette qui s'y tenoit pour lors, à laquelle ils avoient été mandés avec toute assurance du séjour et retour.

Le 5ᵉ jour d'août en suivant, à minuit, arriva en diligence un homme à cheval envoyé par le roy de Navarre à mondit sieur le Duc, lui faisant savoir qu'il étoit en chemin pour se rendre à Saint-Paul de Damiatte le lendemain, le priant l'y venir trouver; mais il n'y eut jamais ordre, et le consul Alary, pressé par les sentinelles et corps de garde de la place de lui aller ouvrir, n'y voulut entendre, ains s'opiniâtra, de sorte que jusques à ce que la porte s'ouvrit, le matin, ledit messager n'entra. De quoi le duc étant averti, il fut si extrêmement marri, qu'il jura que, sans le respect qu'il portoit à la ville de Castres, il en eût fait repentir ledit consul. A l'instant il manda sa compagnie, et, sur le midy, s'achemina à Saint-Paul où il arriva peu après le roy de Navarre, s'étant excusé d'être arrivé si tard, sur le mauvais tour dudit consul Alary. Dequoi le roy fut aussi fort fâché, car sans cela le duc fût parti avant le jour et fût allé bien avant trouver le roy de Navarre pour lui faire escorte, à cause des embûches des ennemis qui s'étoient assemblés de toutes parts, comme l'on disoit; tellement que a été occasion que ledit roy de Navarre, approchant de Lavaur, mit pied à terre et, tout armé, marcha à pied deux lieues, jusqu'à Saint-Paul, à la tête de 500 arquebuziers qu'il menoit pour sa sûreté.

Voilà à quoi la sottise dudit consul avoit réduit deux si grands personnages et tant de gens de bien qu'ils avoient à leur suite, en danger de les faire perdre. Le duc, sachant ce danger, n'attendit pas l'arrivée de sa compagnie à Castres, il s'achemina avec ce qu'il avoit, et encores fit avancer 2 heures devant le sieur de Chatillon avec 40 chevaux pour avertir le roy de Navarre qu'il suivoit après. De plus, il advint que grand nombre de gentils-hommes et autres, suivant M. le duc, n'avoient point leurs armes ni grands chevaux, pensant ne passer plus outre que de Castres.

L'assemblée du diocèse de Castres, Saint-Pons, Albi, tant de la noblesse que du tiers-état, se tenoit à Castres. En laquelle furent nommés pour être gouverneurs d'icelle, le fils de M. le Comte de Montgommery, les sieurs de Béthune et de Chouppes (1), deux sages gentilshommes de la suite du roy de

_____

(1) Pierre de Chouppes, successivement conseiller, chambellan et lieutenant général du roi de Navarre, a laissé des Mémoires que M. le baron A. de Ruble a l'intention de publier prochainement (Hist. univ. de d'Aubigné, VI, p. 13; note 1).

Navarre, et bien expérimentés en fait de guerre, qui s'étoient
trouvés en plusieurs sièges et assauts de villes, pour d'iceux en
être choisi un audit gouvernement. De fait, il en fut parlé au roy
de Navarre qui avoit pourveu le sieur de Béthune ; mais les sieurs
de Saint-Amans et de Boissezon l'en divertirent, tellement que
le sieur de Mongommery fut choisi par ledit sieur de Montmorency, comme a été dit.

Messieurs du Causse et Laeger, juge, de La Garrigue et Calvet,
de Viane, furent députés par la dite assemblée pour aller à
Saint-Paul.

Pendant le séjour desdits sieurs à Saint-Paul, le sieur de Clervant gentilhomme du pays Messin, homme de bien et fort zélé
en la religion, ambassadeur pour le roy de Navarre devers le
roy notre souverain seigneur, arriva illec ; d'où la compagnie
fut merveilleusement aise, le bruit ayant couru que le Roy,
après l'édit signé, lui avoit fait trancher la tête à Paris.

L'abbé d'Elbène, homme subtil et de grand'fausseté, envoyé
par le roy, notre sire, au roy de Navarre, arriva aussi audit
Saint-Paul pour le persuader de se départir de la religion, ny
adhérer à l'édit, avec grandes promesses en ce cas, et menaces
où il fairoit le contraire.

A Saint-Paul, le roy de Navarre fit dresser une déclaration contenant bien au long les actions et déportements de la
maison de Guise contre l'Etat de France (1), portant tous rois,
princes et potentats chrétiens à lui donner aide et secours
pour la réprimer et mettre ce pauvre royaume en son ancienne
splendeur et dignité, sous l'obéissance du roy que ceux de
Guise tenoient captif à leurs affections, les déclarant perturbateurs de la paix publique, et que tous ceux qui par faux donner
à entendre avoient signé la Ligue eussent à s'en départir et se
retirer à leurs maisons avec toute seureté, si mieux n'aimoient
venir à son aide et secours, comme bons et loyaux favoris, et
autrement les déclarant ennemis du roy et de l'Etat, et, comme
à tels, leur dénonçoient la guerre à feu et à sang. En icelle étoit
fait mention honorable de mondit sieur le duc de Montmorency,

(1) La célèbre *Déclaration et Protestation du roi de Navarre de Mgr
le prince de Condé et de Mgr. le duc de Montmorency*, etc., est, en effet,
datée de *St-Paul de Cadejoux*, le X^mo d'aoust 1585.

lequel, bien qu'il fût catholique, néantmoins s'étoit joint et ligué avec lui à une si juste cause comme l'un des principaux officiers de la couronne. Ladite déclaration fut dressée par le sieur Du Plessis, gentilhomme de la suite du roy de Navarre, homme bien entendu en tous affaires d'Etat, et docte en la religion. Elle fut baillée audit abbé d'Elbène pour la présenter au roy. Le roy de Navarre, peu auparavant que le roy eût fait le susdit édit, avoit envoyé une protestation au roy, de long discours, où entre autres choses, il supplioit le roy avec toute humilité et honneur, que, avant passer outre, il lui pleut assembler les Etats Généraux du royaume, et, après, un concile libre et national auquel il rendroit raison de sa foy, tant pour lui que pour ceux de la religion. Dans la dite déclaration, avec tout respect dû au roy, il baille un démenti au sieur de Guise, et, au cas qu'il voulût soutenir qu'il fût hérétique, il offre de le combattre sur ce à outrance, en champ clos, à homme de deux à deux, de douze et de vingt, pour arrêter l'effusion de sang d'une guerre civile. Plusieurs affirment que le roy eut égard à ladite protestation et, suivant icelle, eût accordé les deux premiers points des Etats Généraux et concile national ; mais ceux de son conseil l'en détournèrent, voire le forcèrent à faire faire cet édit, lui faisant fausser la foy de ce qu'il avoit solennellement juré et promis aux présens édits.

Le sieur de Clervaut fut sauvé par le roy, car autrement, il eût été tué par les factionnaires et partisans de la maison de Guise, le calomniant d'être cause que les 6.000 Suisses et Grisons, venus au service du roy, s'en étoient retournés vitement, après la publication de l'édit, refusant combattre contre ceux de la religion, veu qu'ils en faisoient profession ; voire assure-t-on que le roy l'avoit signé au plus grand regret du monde, persuadé aussi par la reine, sa mère, ayant protesté que pour assoupir une petite étincelle, l'on allumoit un grand feu qui ne seroit pas si aisé à éteindre comme elle cuidait, jurant qu'elle ne s'en mêleroit aucunement.

Pendant le séjour à Saint-Paul... (une ligne est ici laissée en blanc dans le msc.)... et oppressé à tous les environs. Six jours après, le roy de Navarre print son retour. Il fut accompagné dudit sieur duc jusques à Briateste et il s'en revint à

Castres, ayant délibéré entr'eux de ce qu'il convenoit faire à
l'avenir, principalement de mener les affaires en longueur, se
fortifier et pourvoir cependant, pour rompre les pauvres efforts
de la Ligue, en attendant le secours des étrangers.

Le colloque se tint en ce tems à Castres, où entre autres
choses, le jeûne et prières extraordinaires furent dénoncés,
au mercredy 18 août, pour prier le Seigneur d'apaiser son ire et
d'avoir pitié de ses pauvres églises menacées d'une extrême
ruine et désolation par ceux de la Ligue, à l'exemple des pères
anciens. Mais par ce que ce jour il y a foire à Castres le jeûne
fut remis au vendredy suivant.

Le duc de Montmorency ayant eu promesse par écrit des
consuls de La Bruguière, que le sieur baron de Monfa avoit
conduits en cette ville, de lui être obéissans, nonobstant icelle,
le sieur baron d'Ambres (qui leur avoit mandé auparavant de ne
lui obéir point, comme aussi M. le premier président de Toulouse) entra sur ces entrefaites dans La Bruguière, d'où il est
conseigneur, avec 30 ou 40 chevaux et 60 ou 80 arquebuziers
conduits par Cotton. Ce qui fut cause que le sieur de Monfa s'en
vint à diligence avertir le duc lequel fit arrêter le consul et le
syndic de La Bruguière, qui étoient en ville. Mais, par le moyen
du sieur de Bieule, le baron d'Ambres vint trouver le duc qui
lui fit plusieurs remonstrances avec plusieurs grands propos
mêlés de menaces qui divertirent le sieur d'Ambres de l'intention
qu'il avoit eue auparavant. Il promit obéissance. Si le sieur
d'Ambres ne fût venu, le duc, comme l'on disoit, avoit délibéré
faire pendre lesdits consuls et syndic, le lendemain, pour servir
d'exemple aux autres de ne fausser leur foy.

Ce fait, le duc sur la mi-août print son retour à Pézénas.
En passant, il fit un court dîner à Gais, ayant baillé exemption
et sauvegarde à Monsieur de Bieule et aux sieurs d'Auterive,
d'Ambres et autres, ayant exempté de toute cotise et impositions la terre de Boissezon, en faveur dudit sieur de Bieule, à
quoi la ville s'opposa, comme sera dit ci-après.

Le duc étant à Saint-Amans choisit, des trois nommés ci-
dessus, le comte de Montgommery pour gouverneur de la ville
et diocèze de Castres, mandant aux consuls d'icelle et syndic
du diocèze de pourvoir à son entretênement. Plusieurs s'atten-

dôient d'avoir le sieur de Chouppes, pour sa suffisance et grande expérience ; mais, n'étant de grande maison, les gentilshommes du pays disoient tous qu'ils ne lui obéiroient pas. Plusieurs se fâchoient d'une telle nomination : trois personnes inconnues au pays, veu qu'il y avoit en icelui des gentilshommes et seigneurs qui autres fois s'étoient bien employés à la conservation d'icelui ! Ils rejetoient la faute sur M. le juge de Castres, et 7 ou 8 des principaux désiroient des nouvelletés, lesquels aussi furent frustrés de leur espoir, étant advenu le rebours de ce qu'ils avoient pensé.

Le comte de Montgommery arriva à Castres avec 10 ou 12 chevaux, le 28 août. Il fut logé chez M. le receveur Thomas.

Audit mois d'août, les sieurs du Villa, de Boissezon, Offrières et autres ayant assemblé 50 ou 60 chevaux et 200 hommes de pied firent une course jusques à 4 lieues près de Narbonne. S'en revenant vers Carcassonne, ils tuèrent 18 ou 20 soldats d'un village près de Moux, et vindrent se mettre en embûche auprès de Carcassonne, où ils firent quelques prisonniers et butin de certaines marchandises. S'ils eussent demeuré deux heures plus en embûche qu'ils ne firent, ils eussent pris prisonnier le sieur de Joyeuse qui délogeoit de Carcassonne pour aller à Narbonne, et arrêté et prins le sieur de Cornusson, sénéchal de Toulouse, venant en poste d'Espagne, ayant, par ce moyen, découvert le secret de l'espagnol et arrêté deux grands personnages ; mais ils se hâtèrent trop. Le peuple trouva fort étrange ces courses et butin sur les pauvres gens et en murmuroient contre les auteurs qui avoient partagé les dépouilles et les prisonniers, à Saint-Amans, et ne présumoient pas bien de tel commencement.

Deux jours après la compagnie que le capitaine Sabaut avoit dressée ez environs de Revel et Sorèze, de ceux de la Religion, étant partie de Cambon, près la Croizille, se vint loger à un masage, près Saint-Julia-de-Gras-Capou, nommé Chobles (1), conduite par quelque sergent ; où séjournant, ils furent avertis par les paysans de se retirer parce que les ennemis s'assembloient de toutes parts. Ils n'en tindrent compte, tellement qu'ils furent environnés de 4 ou 500 hommes. Entre autres, Abel Daix,

(1) Choples, 4 kilm. N.-O. de Saint-Julia, à mi-chemin d'Auriac (Haute-Garonne).

6

de Castres, y fut tué après s'être rendu au capitaine Durant, ci-devant éz précédents troubles, gouverneur de Briateste, mais révolté. Deux cardeurs, réfugiés à Castres, étant de ladite compagnie se défendirent si bien, qu'ils tuèrent ou blessèrent 15 ou 20 des ennemis. Le reste ne fit aucune résistance ; 10 ou 12 en échappèrent seulement, entre autres Abel Dumas, de Castres. Le capitaine Sabaut étoit à Revel, ramassant gens. Il fut fort blâmé de cette défaite et d'avoir expo sé sa compagnie en proye sans chef ni conducteur. Plusieurs vaillans hommes de Revel et Sorèze y furent tués. Cette défaite, advenue à un commencement de trouble, étonna plusieurs infirmes.

Le jeûne et prières publiques ordonnées au synode furent célébrés à Castres, le 30 août.

Le sieur du Villa étant allé, une nuit après, reconnoître un endroit de muraille de la ville de Lautrec, et étant dans le fossé, fut découvert. Le capitaine Peyre, de Castres, fut tué près de lui d'une arquebuzade.

Ledit sieur du Villa, peu de jours après le commencement de septembre, ayant fait assemblée de gens pour surprendre Cuqsac-des-Montagnes, fut découvert et deux ou trois de ses soldats tués, dix ou douze blessés.

La ville de La Bruguière ayant, comme dit est, promis la foy d'alliance et bonne union au duc de Montmorency, incontinent après son retour, la rompit par les menées du sieur d'Ambres qui semblablement faussa la foy, étant allé expressément à Toulouse communiquer avec M. le premier président, et ayant mis grosse garnison audit lieu. S'en retournant, il fit prisonnier le premier consul dudit La Bruguière, nommé Rezague, qu'il fit conduire à Toulouse pour lui faire faire le procès maugré la promesse qu'il avoit faite audit sieur duc qui l'estimoit crime de lése Majesté. Cette garnison fit en peu de tems grands ravages et pilleries sur les pauvres gens qui venoient à Castres, étant jour et nuit à la campagne, sans que cependant personne s'y opposât. Leur première perfidie fut d'avoir arrêté 11 charretées de chaux que la ville de Castres avoit achetées du caussanier de La Bruguière, et comme l'on leur eût écrit que c'étoit pour employer à nos réparations, ils firent réponse qu'ils en vouloient rebâtir leur temple.

Ceux de Vielmur, Viviers et Soual qui avoient fait promesse à mondit sieur le duc, la rompirent et, à l'exemple de ceux de la Bruguière, commencèrent une guerre fort cruelle.

Au commencement du mois de septembre, le capitaine Franc s'en venant à Castres parachever de dresser sa compagnie de gens de pied avec 10 ou 12 chevaux et 30 ou 40 arquebusiers, étant près de Cuq, rencontra quelques soldats conduisant une charretée de piques à Lautrec, venant de Vielmur. Les ayant chargés sans les avoir fait reconnaître, les ennemis qui étoient affustés au chemin, lui venant de haut en bas, de prime arrivée lui tuèrent trois soldats à cheval entre lesquels fut Chausson, son lieutenant, vaillant homme. Il en fut aussi tué 3 ou 4 des ennemis lesquels enfin étant secourus de Lagarrigue, de Vielmur, contraignirent ledit capitaine Franc de se retirer à Cuq.

En ce tems, les capitaines Offrières, La Nogarède, bastard de Mandoul et ledit Franc dressoient leurs compagnies et le capitaine Bacou aussi, ayant commission de M. le duc ; mais peu de jours après les avoir dressées, elles furent cassées, fors celle d'Offrières qu'il dressa à Angles.

L'assiette commencée à Castres en août, à l'arrivée de M. le duc, fut interrompue par la venue du roy de Navarre à Saint-Paul, et parachevée en ce tems. Michel Pélissier, notaire de Castres, fut député par icelle, pour aller devers le duc l'avertir des déportemens de La Bruguière et autres lieux, et aussi le prier de révoquer l'exemption des deniers du consulat de Boissezon, donnée en faveur du sieur de Bieule, par les menées du sieur du Causse, commissaire de l'assiette. Pélissier, en allant, passa à Gaïs et découvrit toute sa délégation audit sieur de Bieule qui le pria encore de prendre la charge dudit sieur et d'obtenir plus ample commission confirmant la première ; comme il fit et l'apporta audit sieur de Bieule, duquel il est greffier et ledit du Causse dès long tems domestique.

Les Etats assignés à Pézénas au 28 du passé, commencèrent lors ; où allèrent comme députés, le consul Bissol, M. le juge et du Causse. On y présenta au duc les articles de ce que le pays avoit à faire. Auxquels il répondit comme il trouva par avis et conseil, sans autrement assembler ni tenir leur forme d'Etats comme il étoit requis et avoit été accoutumé et observé en semblables occurrences. Sur tout, ledit sieur, déclara qu'il prétendoit avoir tous les deniers des tailles et impositions d'équivalent (1) domaine du roy, ecclésiastiques et toute autre nature de deniers, pour payement des cent compagnies qu'il prétendoit lever audit pays et que les villes fissent la guerre et se fortifiassent à leurs dépens.

Montélimar, bonne ville au pays de Dauphiné, tenue par les catholiques, fut surprinse par les sieurs d'Esdiguières, et le fils du sieur de Montbrun, hormis le château ou citadelle qu'ils assiégèrent incontinent. Les forces du pays de Lyonnois et environs s'assemblèrent promptement pour essayer de la reprendre.

Au mois de septembre, fut donné arrêt par Messieurs du Parlement de Toulouse, contre ceux de la religion réformée qui depuis l'édit du roy obtenu par ceux de la Ligue, avoient fait profession de la religion et convoqué aux Cènes, et s'être trouvé aux assemblées depuis la publication d'icelui, par lequel ils furent condamnés à être pendus et leurs biens confisqués comme criminels de lèse-majesté : enjoint à tous capitaines et gens de guerre qui les pourront attaquer de les amener à ces fins à Toulouse, ou les tuer sur le champ sans en prendre aucuns à rançon, sur mêmes peines.

Le 14 dudit mois de septembre, le capitaine Pelras, de Puylaurens, étant venu à Castres avec 60 ou 80 soldats, laissa une troupe à demi lieue d'ici, aux métairies, pour l'attendre. L'ennemi, averti par les paysans, s'assemble et leur dresse embûche ; tellement que, sur son retour, Pelras et les siens conduisant la femme de M. le conseiller de Torène, furent rencontrés par lesdits ennemis qui les chargèrent et, d'arrivée, en tuèrent 7 à 8 et firent autant de prisonniers. Le capitaine Pelras qui ne pouvoit contenir les soldats qu'ils ne se missent en fuite, comme l'avoient fait cinq ou six à cheval des leurs, en ramassa à grand difficultés 30 ou 40 avec lesquels, faisant tête, il gagna un petit taillis et de là en hors combattit l'ennemi, sauvant ainsi le reste qui sans cela étoit tout perdu, la désobéissance des soldats en étoit cause. Il fit tant, par la grâce de

(1) La *Taille* comprenoit les droits suivants : l'*aide*, l'*octroi*, la *crue* et le préciput de l'*équivalent*. Il y avait, en outre, le *taillon*, etc.

Dieu, qu'il se retira en combattant jusques à Puylaurens, suivi de 30 chevaux et peu moins de 200 arquebuziers. De nouveau Pelras fut au passage de la rivière d'Agoût, au dessus de Vielmur où se joint la rivière avec celle de Sémalens. Ladite Dlle étant là fut amenée à Sémalens et, de là, conduite à Puylaurens ; le sieur de Sémalens irrité parce que ceux de Puylaurens lui avoient tué, en venant à Castres, un bordier, protextoit contre son party de ce que, suivant les arrêts, on les meurtrissoit, sans faire des prisonniers. Il se formalisa fort contre M. Ramondy, de Vielmur, le menaçant de l'accuser devers le parlement.

M. le comte de Montgommery, gouverneur du diocèse de Castres, assembla les consuls, le samedy 13 septembre, et commanda de faire élection de trois personnages de suffisance requise, pour d'iceux en être par lui prins et choisit un pour être capitaine de la compagnie des gens de pied étrangers ordonnée pour la garde de la ville ; ce qu'ils lui promirent faire le lundy 15 dudit mois.

Ce qu'ayant su, le sieur de Sénégas qui étoit pour lors à Castres, homme remuant et peu affectionné à la ville, persuade au comte de prendre ladite compagnie pour lui et faire que quelqu'un des siens la commandât, comme avoit été autresfois fait par les gouverneurs de Castres, ou qu'il fît faire élection de trois et que parmi il y eut quelque étranger, — tout pour mettre la ville en pique avec le gouverneur, — ce qu'il lui promit plus pour lui complaire, que autrement, comme le fait le montra. Le tout au désu desdits consuls.

Lesquels, suivant ce qu'avoit été arrêté le samedy, assemblent, le lundy, 15, leur conseil particulier où ils proposent ce fait. Mais, comme ils en délibéroient, arrive un gentilhomme, de la part du gouverneur, qui déclare ce défi au conseil ; dont lesdits sieurs consuls furent bien étonnés et, là-dessus, assemblent, ledit jour, le conseil général où ils proposent cette affaire. Et d'autant que c'étoit contre les privilèges et ancienne observance de la ville, il fut résolu de s'en tenir à iceux et prier M. le comte de nous y maintenir, et qu'il seroit procédé à l'élection de sesdits trois personnages, qui furent à l'instant nommés par le sire Pierre Gaches, premier consul, assisté d'Alary et d'Olivier Lucas,

3e et 4e consuls, savoir : le capitaine Rascas, le capitaine Bousquet et le capitaine Mascarenc. Cela fait, M. le docteur Landes, assistant du conseil, se leur remontre que ledit Mascarenc ne peut ny ne doit être nommé, parce qu'il est prévenu en justice de crime de lèse Majesté, pour avoir rompu les prisons du roy et ôté les clefs de la ville aux consuls ; pour raison de quoi, par arrêt de la chambre souveraine de L'Isle, lui et ses compagnons ont été condamnés à avoir la tête coupée ; que depuis il a fait amende honorable à sa femme, en présence des gens de bien, et partant qu'il est indigne de ladite charge. Là-dessus, y eut grande altercation, parce que le capitaine Mascarenc étoit présent. Il remontra ledit arrêt avoir été cassé et n'avoir fait amende honorable. Jacques et Jean Fournes, ses compagnons et condamnés comme lui, le soutiennent, ainsi que plusieurs qu'ils avoient fait venir tout exprès audit conseil, favorisés par Alary, allié de Mascarenc. Enfin, après plusieurs contestations, les opinions recueillies, la plus grande voix emporte que la nomination faite par les consuls demeureroit et seroit présentée au gouverneur, auquel seroit remontré qu'il y avoit été procédé suivant les privilèges. Ce qu'étant fait, Mtre Antoine de L'Espinasse, docteur, portant la parole, le gouverneur répondit qu'il n'entendoit empêcher la ville et ses privilèges ; ains plutôt l'y maintenir; et, recevant ladite élection, il promit d'y pourvoir.

Le sieur de Sénégas marri que son dessein eût été rompu, dresse une autre pratique pour faire élire Mascarenc à commander ladite compagnie. Il lui fait dire par dessous main, que s'il veut faire accord avec le capitaine Marguerittes du meurtre commis en la personne de Jacques Mascarenc, son frère, il le fera élire audit état de capitaine ; mais après plusieurs allées et venues, on n'a pu savoir encores à quoi tint que ledit accord ne se fit. Le gouverneur différa quelques jours l'élection, voyant telles brigues.

Le jeudi 19 septembre 1585, le sergent Auriol, de La Bruguière, beau-fils du capitaine Bousquet réfugié à Castres, s'en allant à Burlats avec deux autres furent rencontrés et chargés par quatre chevaux de l'ennemi, près Gourgeade. Illec Auriol fut tué par un nommé Alary, ci-devant sieur de Boissezon, se tenant à Lautrec, qui lui vouloit mal parceque Auriol avoit eu charge de lever pour son beau-père l'arrentement dudit Boissezon. Le sieur de Cabanes et deux autres étoient de la troupe. M. Marsan, ministre de la parole de Dieu, ne fit que passer lors, s'en allant à Roquecourbe, et n'étoit pas guères loin de là quand ce meurtre se fit, lequel amena un autre mal avec soy.

Ce jour (1), M, le gouverneur devoit aller parlementer avec Mrs de Bieule et d'Auterive, hors la ville et déjà l'attendoient aux vignes de l'Amélier 15 ou 20 chevaux, qui avoient donné l'alarme à la ville, sur le point dudit meurtre d'Auriol, que fut cause que ledit parlement fut rompu, parce que le capitaine Franc avec quelques troupes de soldats étoient jà en chemin, sorti de la ville accourant vers Gourgeade avec 3 ou 4 chevaux dudit sieur gouverneur, lesquels voyant venir dix ou douze chevaux du coté de Villegoudou et tant de force vers ledit Gourgeade, présumant que c'étoit l'ennemi, et c'étoit le sieur d'Escroux, du Causse fils, Portes Raygades, de Viane, et autres qui s'en venoient à l'assemblée ou diocèse, mandée à Castres pour entendre la délégation des députés envoyés aux Etats, à Pézénas ; lesquels, de même, voyant lesdits 4 chevaux, pensoient aussi que ce fut l'ennemi. Là dessus, les coutelas et pistolets au poing, ils poursuivent lesdits 4 chevaux lesquels se retirent, croyant qu'ils étoient de Castres ; mais les autres les chargèrent toujours. Le capitaine Franc avoit fait affuster ses arquebuziers si bien à point, qu'ils ne pouvoient faillir, leur ayant commandé de ne tirer que les autres ne fussent au bord de la rivière. A quoi fut si bien, que ledit sieur d'Escroux fut tué d'une arquebuzade, un autre homme à cheval, nommé le sire Boutes, blessé aux mains, dont, depuis, il mourut à Castres, vaillant homme de La Caune (2). Le jeune Causse fut atteint de 5 arquebusades qui lui percèrent les chausses et pourpoint, sans le blesser à la chair, Dieu le préservant. Enfin, mais trop tard, ils se reconnurent, autrement ils étoient tous perdus. L'alarme sonnoit toujours à Castres et des bastions de Villegoudou l'on voyoit ce combat. Ce fut cause que le capitaine

(1) Gaches rapporte le fait suivant au 20 septembre.

(2) Gaches parle de ce capitaine, p. 172, ainsi que de la mort de Florens de Beine, sgr. d'Escroux, p. 310, et de Guillaume de Rozet, sgr. du Causse d'Espérausses, fils unique de Bertrand, p. 459.

Bousquet, avec 50 arquebuziers, s'acheminoit du côté de
Villegoudou, au long de la rivière ; mais comme il fut à
mi-chemin de Gourgeade tout fut achevé. Quelques-uns passèrent pour voir le corps du sieur d'Escroux. Ce fut grand
dommage de sa mort, surtout comme elle advint par ceux
mêmes de son party et par faute d'avis. Il étoit bon gentilhomme et homme de bien, et fut fort plaint et regretté.

Pendant que les troupes, d'un côté et d'autre de la rivière,
se retiroient à Castres marries de ce qui étoit advenu, un homme
passa le gué dudit Gourgeade, venant de Toulouse, étant passé
par Lavaur et Lautrec, avec deux autres se disant être au sieur
de Bieule s'en allant vers La Bruguière, mal montés. Et jà
étoient parvenus jusques aux vignes, de au dessus des tuileries
de Guilhemas, près ladite ville, traversant les champs, quand
un soldat dit au sieur de Possines, de Castres, que l'un des trois
auquel ils avoient parlé étoit le premier consul de La Bruguière.
Possines tout ébahi lui dit pourquoi, puis qu'il le connoissoit,
il ne le lui avoit dit, car ils l'eussent fait prisonnier ; et se
mettant à l'instant à les suivre, bien qu'ils fussent à pied ils les
attaquèrent à cet endroit, le firent prisonnier et laissèrent aller
les deux autres s'avouant audit sieur de Bieule, l'un desquels
étoit un chanoine de Lavaur envoyé avec les consuls par le
sieur d'Ambres, pour les entretenir en leur révolte, comme sera
dit cy-après.

Ledit jour aussi, les ennemis ligués ayant assemblé le jour
précédent 200 chevaux d'Albi à Lavaur (Lautrec, Vielmur,
Sémalens et autres lieux), tenant la campagne, vindrent jusques
à Saïx. L'on ne put lors savoir l'occasion, mais c'étoit sur
l'heure que ledit partement se devoit faire, qu'ils arrivèrent à
Saïx, comme fut su le soir dudit jour.

Lorsque mondit sieur le duc étoit à Castres, les habitans de
Briatexte et Fiac avoient fait nomination de Jean de Bouffard,
sieur de La Grange, frère de Dominique Bouffard, sieur de La
Garrigue, homme fidèle et craignant Dieu, vaillant homme et
de bonne conduite au fait des armes, pour être gouverneur ez
dits lieux, lequel lui en fit dépêcher commission expresse,
suivant laquelle il s'achemina aux dites vil es, avec quelques-
uns des habitans de Castres, en ce mois de septembre.

Auquel tems aussi le duc reçut advertissement que, nonobstant les promesses des obéissances à lui faites par les habitans de Saint-Pons où il étoit passé et repassé quatre fois en venant de Castres et s'en retournant, se vouloient soustraire d'icelle, pour se donner au sieur de Joyeuse, et que déjà quelques uns des principaux avoient fait la promesse à Toulouse, où ledit sieur étoit, sous prétexte de secours et garnisons qu'ils devoient recevoir aidés d'une bonne somme de deniers de ladite ville de Toulouse. Ledit sieur, pour rompre ce coup, a une extrême diligence. Il s'achemina audit Saint-Pons avec nombre de gentilshommes et partie de sa cavalerie, et se trouva plustôt aux portes de la ville, que l'on n'eût nouvelles de son partement; qui rendit les autheurs de la révolte punis, bien étonnés. Et comme ils vouloient contester avec lui sur la porte, il entra en là estroitement, par douceurs de paroles, dans la ville, au grand contentement du peuple qui ne savoient rien desdites menées, et, peu après, à la file, ses troupes entrèrent dedans. Où se voyant assez fort, il leur fit entendre l'occasion de son arrivée, se pressa d'entrer pour assurer la ville, et y faire dresser et bâtir une citadelle pour obvier aux surprinses et y entretenir 100 hommes de garnison; et à l'instant la fit commencer. S'il eût tardé à venir un jour davantage, la ville étoit perdue pour lui et remise au pouvoir du sieur de Joyeuse, ce qui lui eût porté un grand préjudice, car, par ce moyen, le chemin du pays d'Albigeois et diocèse de Castres lui eût été difficile.

Pendant que ledit sieur séjournoit à Saint-Pons, il manda au comte de Montgommery, gouverneur en la ville et diocèse de Castres, le venir trouver; ce qu'il fit le 21 septembre, accompagné de 60 ou 80 chevaux. Il fut fort bien venu et reçu. Après y avoir séjourné 3 ou 4 jours, le comte s'en revint à Castres, ayant reçu en sa compagnie Alexandre de Bonne, fils du sieur de Marguerittes, que le duc lui avoit recommandé bien affectionnement de le tenir toujours auprès de lui. Ce fait, Montmorency ayant laissé à Saint-Pons le sieur de Colombières, lieutenant de sa compagnie de gendarmes, avec 200 hommes, se retira à Béziers.

Avant que le comte partît de Castres, l'assiette du diocèse avoit commencé, pour l'imposition des deniers ordonnés aux

Etats tenus à Pézenas, et fut discontinuée par le sieur du Causse, commissaire d'icelle, et M^{tre} Antoine Laeger, docteur, juge de Castres (que le commun peuple commença en ce tems appeler M^{tre} Lébronion parce qu'il se vouloit mêler et tenir le nez partout, comme il sera plus amplement déclaré ci-après) et, après leur retour, continuée. Elle dura plus d'un mois, et ledit sieur juge se fit taxer pour la séance d'icelle 40 écus, outre ses voyages à IIII écus pour jour, et Jean Bissol, 60 écus, tant pour son voyage aux Etats, que séjour pour attendre la poudre que lui et M^{tre} Jean Ligonnier avoient achetée durant les Etats à Béziers, comme sera plus amplement dit cy-après.

Le jour que le sieur comte partit pour aller à Saint-Pons, il choisit le capitaine Rascas, l'un des trois nommés ci-dessus, pour commander la compagnie des soldats ordonnés pour la garde de la ville, lui commandant leur compagnie avec icelui, ce qu'il fit ledit jour jusques au Pont-de-Larn. Illec trouvèrent le consul Bissol faisant conduire douze charges de poudre d'arquebuze, qu'étoit partie des 60 quintaux que lui et Ligonnier avoient achetés auxdits particuliers Etats.

Car, est à noter que, pour pourvoir la ville de munitions de guerre, l'on avoit donné charge à Bissol et Ligonnier, allant aux Etats, de trouver moyen d'acheter la plus grande quantité de poudre qu'ils pourroient. Etant par de là, ils négocient avec un nommé La Margue, de Gênes, et lui font achat de 60 quintaux de poudre, moitié à canon, l'autre d'arquebuse, à 30 l. celle à canon, et 40 l. celle de l'arquebuse ; et de fait, comme mal advisés, ils avancent la plus grande partie de l'argent sans voir ni tenir la marchandise, ni connoître autrement l'homme que par ouïr dire. Cela fait, ils lui font vatelle par remises, que la poudre étoit encore à Gênes, autres fois à Beaucaire. En somme, durant lesdits Etats, ils n'en peuvent venir à bout. Ils s'en plaignent à M. le duc qui les assure, voire répond de la poudre. La dessus, ils s'en reviennent et s'en excusent au conseil le moins mal qu'ils peuvent. Le duc étant arrivé en cette ville, sur un mandement de La Margue, se fait bailler le reste de l'argent de l'achat de la poudre, se montant en tout 800 écus. Pour le recouvrement d'icelle, Bissol étant allé aux Etats que M. le duc avoit de rechef convoqués à

Pézenas, demeure un mois, après iceux tenus, avant que pouvoir recevoir lesdites douze charges de poudre qui furent conduites en assurance lorsque le duc s'en vint à Saint-Pons, comme dit est, le reste d'icelle, qui est 24 quintaux, étant encores à venir. Voilà la belle négociation de ces deux jeunes hommes. Bissol n'eut pas honte de se faire taxer ce voyage par le diocèse, quoique le séjour fut à sa faute, et lui en fut taxé, y compris celui des Etats, 160 écus.

Mondit sieur le duc ayant convoqué les Etats à Pézenas pour pourvoir aux affaires de la guerre, dressoit 100 compagnies de gens à pied en Languedoc, desquelles, et de toute sa compagnie, il nomma de Coligny, sieur de Châtillon, fils de feu Gaspard de Coligny, amiral de France, son lieutenant général. Il les assigna à faire la montre le 21e septembre, à Pézenas. Aux Etats, fut envoyé maître Antoine Laeger, juge, autrement nommé par le peuple maître Lébrouin, et Bissol. Où étant avec les autres députés de Languedoc, pensant tenir Etats comme avoit été fait en tous les autres précédens troubles (mesmes avec le duc à l'autre union de lui avec les églises), ledit sieur duc leur déclare qu'il ne veut plus être controlé comme il avoit été autrefois ; mais qu'il est résolu pour l'entretènement de l'armée qu'il dresse, prendre et mettre en la recette générale qu'il a établie, les deniers des tailles, équivalent, domaine du roy, ecclésiastiques et toute autre nature de deniers publics ; et que les villes et diocèses pourveussent d'ailleurs à l'entretènement de leurs gouverneurs et garnisons à leurs dépends, comme aussi les fortifications nécessaires aux villes ; que s'ils avoient quelque autre chose à lui demander en lui présentant leur cahier, il y répondroit par l'avis de son conseil. Là dessus, lui étant présentés des articles fort raisonnables, mêmement lui étant représenté la pauvreté des habitans de Castres, de la Religion, et qu'il leur seroit impossible subsister sans l'aide des deniers publics ou d'une partie, il ne leur en accorda rien, moins de mettre la Religion ez villes qu'il tenoit à son pouvoir, bien promit, quand à celles qu'il prendroit durant la guerre, de y pourvoir. Quant à la justice, il remit cet article au roy de Navarre. Avec cela, lesdits députés s'en revindrent, le duc ayant envoyé M. de La Baume, secrétaire ci-devant de M. le prince de Condé, pour lever toute nature de deniers, au diocèse de Castres. Ces nouvelles entendues, furent bien fâcheuses aux pauvres gens de la Religion. Si les députés eussent tenu bon et remontré vivement la nécessité du peuple, le duc leur eût accordé une partie de leurs demandes ; mais ils se soucioient plus de leurs particuliers affaires que des généraux (1) ; je parle des députés de Castres.

L'assiette fut derechef continuée, comme dit est, au retour de M. le comte de Montmorency, de Saint-Pons. A son partement, il avoit choisi le capitaine Franc qui fit son lieutenant le fils aîné du capitaine Bernas et Chausson, son enseigne, qui, peu de jours après, la donna au jeune Margueriltes. Je n'ay peu encore savoir l'occasion qui mut ledit sieur comte à changer l'élection du capitaine Rascas. L'on présumoit que quelques gentilshommes lui auroient persuadé qu'il auroit mieux le capitaine Franc à sa dévotion que non pas le capitaine Rascas, pour être fils de la ville. Cette compagnie fut composée d'étrangers. Il n'y fut reçu d'autre habitant de la ville que les deux serviteurs de Bissol et d'Alary, consuls et neveux de maître Antoine l'Espinasse, Lacger, juge, l'ayant empêché pour le peu d'affection qu'il portoit aux enfans de la ville, la pluspart desquels environ, les pauvres ! furent constrains, par faute de moyens, se retirer auprès M. de La Grange, gouverneur de Briatexte et Fiac, qui les reçut et leur donna moyen de vivre.

Il a été dit ci-dessus que M. le duc de Montmorency avoit recommandé à M. le comte le capitaine Margueriltes, à la poursuite de M. de Bieule et autres gentilshommes catholiques, pour avoir meilleur moyen (avec les autres qu'ils y ont de long-temps, leurs partisans) de savoir toutes nouvelles et l'état des affaires de la religion. Margueriltes étant venu en cette ville sous cette faveur, le capitaine Mascarène (dont en pleine paix ledit Margueriltes avoit tué le frère) en fit faire remontrances au comte, par le consul Alary, son allié ; lequel (pour avoir tenu de ce fait propos trop hautain au comte, le requérant tirer de la ville ledit Margueriltes pour éviter l'escandale que en pouvoit advenir) répondit qu'il n'en fairoit rien ; ains, faisant semblant

(1) Le mot *affaire* resta masculin jusqu'au xvie siècle. On commence à le trouver des deux genres dans d'Aubigné.

de mettre l'épée à la main, menaça Alary de le faire mettre en
pièces s'il parloit plus avant de ce fait, s'excusant sur la
recommandation que lui en avoit faite le duc; comme Alary le
rapporta au conseil de la ville, en la plainte qu'il en fit.

La reine de Navarre — qui avoit fait long séjour à Agen et
oppressé fort avant par garnisons ladite ville, et illec fait amas
de gens de guerre contre le roy de Navarre, son mari, voire
avoir signé la Ligue, — fut tirée d'Agen par le maréchal de
Matignon, par commandement du Roy, notre souverain seigneur, auquel les habitans en avoient fait plainte. Il y eut
quelques cent ou six vingts hommes tués, partisans de ladite
dame, qui voulurent faire résistance.

Le duc de Montmorency, pendant son voyage de Saint-Pons,
fit aller assiéger la ville de Lodève, qui lui refusoit obéissance,
par le sieur de Châtillon, son lieutenant, qui y fit conduire
six canons avec toutes les forces qui s'étoient amassées
au pays, en nombre de 8,000 arquebusiers et 12 ou 1500
chevaux, tant catholiques que de la Religion. Il le fit battre au mois de septembre. Pour lequel siège empêcher, les
sieurs de Joyeuse et de Cornusson, sénéchal de Toulouse,
ayant assemblé les forces, depuis Toulouse jusques à Narbonne, alloient assiéger un petit fort, que M. le Duc tenoit à
demi lieue de Capestan. Ce qu'ayant sçu, le sieur de Sandal,
lieutenant de la compagnie de gendarmes du Duc, partit de
Béziers avec 60 ou 80 chevaux pour seulement aller reconnoître les forces de l'ennemi et voir de retirer 20 soldats qui
étoient dans ledit fort; mais en présence des ennemis, voyant
qu'ils branloient, sans marchander plus avant, donne dedans et
les met en route, ayant tué dix ou douze gendarmes et prins
deux autres prisonniers, entre lesquels étoit La Grane, de
Vielmur, gendarme de la compagnie du sieur de Joyeuse.

Le 20me jour de septembre furent commencées les prières
extraordinaires, le vendredy, à quatre heures du soir, pour
prier Dieu avoir pitié des pauvres Eglises réformées de France
affligées de guerre et la plupart dissipées, au moins celles de
là la Loire, par les armées de la Ligue, et préserver celles qui
étoient encore debout par sa grâce. Elles furent ordonnées
parce que M. de La Roche-Chandieu, excellent ministre du Sei-

gneur, venant de Genève, rapporta que, auxdites guerres, messieurs les ministres l'avoient ainsi délibéré et trouvé bon. Le
Seigneur Dieu veuille bénir les prières des siens.

Audit mois de septembre, les troupes de cavalerie que le
sieur de Cornusson, sénéchal de Toulouse, avoit amassées en
ce pays et conduites en France, revindrent, rapportant que les
armées de la Ligue étoient dissipées par la peste et famine que
notre Dieu leur envoya, qui les poursuivoit partout. Ils n'épar-
gnoient non plus les catholiques des provinces où les armées
marchoient que ceux de la Religion, pillant leur bien, forçant
leurs femmes et filles, et commettant toutes sortes de maux et
méchancetés.

Cependant, M. le prince de Condé avoit ramassé 5 ou 600
arquebuziers et 800 chevaux, ez environs de Saint-Jean-d'Angély, avec lesquels il print toutes les places de la côte de la
marine, hormis Brouage et Blaye. Cognac se rendit à lui. Il
mit en fuite et donna la chasse jusques près de Nantes, en Bretagne, au duc de Mercœur, frère de la (1) sur l'ennemi comme
ils en avoient bonne volonté.

Deux jours après, furent envoyés 2,000 écus à Monseigneur
le duc pour entier payement des 5000 écus qu'il s'étoit réservés
sur toute nature de deniers au diocèse de Castres, ayant reçu
les 3000 ci devant. La cavalerie et infanterie leur firent escorte
hors du danger de l'ennemi.

Le 15e dudit mois, les ennemis sortant de La Bruguière, allèrent de nuit attendre les bouviers et charrettes de la montagne,
apportant vendre du bois à Castres. Les trouvant au logis de
La Fontasse, où ils ont accoutumé de faire repaître leurs bœufs,
en prindrent 30 ou 40 paires. Le gouverneur de Castres étant
averti, fit monter à cheval ses gendarmes, pour les aller recouvrer, suivis d'une troupe d'infanterie ; mais ils étoient jà retirés.

La ville de Nîmes faillit à être surprinse le dimanche, 12e janvier, comme ceux de la Religion étoient au prêche.

En ce tems, la garnison de Puechassaut ayant rendu les bleds,
vins et meubles, y étant 300 écus, la vuidèrent et se retirèrent

---

(1) Omission du copiste, sans aucun doute. Philippe-Emmanuel de Lorraine,
duc de Mercœur, était le frère de Marguerite qui épousa Anne, duc de
Joyeuse.

en Rouergue, l'ayant laissé à la disposition du sieur de La
Grange, gouverneur de Briatexte et Fiac, comme étoit bruit.
M. le comte de Montgommery y envoya sa compagnie de gendarmes pour y mettre 30 de ses arquebusiers à cheval; mais ils
n'y furent reçus, s'excusant, ceux du dedans, qu'ils vouloient
plutôt faire leur profit des meubles qu'ils avoient achetés.
Ladite garnison, s'en étant allée en Rouergue, print avec pétard
le fort de Varures (1) que M. de Boissezon et capitaine Ravi
avoient failli à prendre par siège. Ils y tuèrent toute la garnison
et 5 ou 6 gentilshommes qu'ils y trouvèrent.

M. de Joyeuse ayant séjourné à Carcassonne pendant que le
sieur de Montmorency campoit à Terrebasse, s'achemina en ce
mois à Toulouse où il fit grand amas de gendarmerie et infanterie dont ceux de Montesquieu et Carmain, craignant être
assiégés vindrent demander secours à Castres.

Le roy de Navarre envoya le seigneur de Pujols de Pardaillan (2) vers M. le duc. Il écrivit par lui aux consuls de Castres
de se fortifier et diligenter, se craignant que l'armée de la Ligue
qui avoit séjourné environ cinq semaines ez environs de Saint-
Jean-d'Angély, le vint attaquer à Montauban, où passer outre
en Languedoc. Il mandoit au sieur comte de Montgommery
de s'acheminer vers Sa Majesté avec sa compagnie de gendarmes et 200 arquebuziers, et au sieur de Deyme et de
Tanus d'en faire de même sur tous les secours qu'ils désiroient
lui faire, comme déjà auparavant il leur avoit écrit; mais il
ne s'en fit rien. Le sieur de Pujols apporta nouvelles que
Monseigneur le prince de Condé, qu'on disoit avoir été en Allemagne, étoit arrivé par mer à la Rochelle, venant d'Angleterre,
avec 1500 françois qu'il y avoit ramassés. Il avoit traversé jusques à Sedan, et de là en Picardie et, par mer, en Angleterre.

La reine d'Angleterre lui fournit 500 chevaux et 1500 hommes
de pied anglois. Le tems découvrira la négociation qu'il y fit.
On disoit aussi que la reine d'Angleterre avoit prins les Flamans
en sa protection, et que son amiral de mer avoit forcé une forte
ville que l'Espagnol tenoit en Gueldres, et défait une flotte de

_____

(1) N'est-ce pas Varès qu'il faut ?

(2) Il est possible qu'il y eût ici : *de par delà*, au lieu de Pardaillan.
Arnaud Du Faur, sgr de Pujol, était premier gentilhomme du roi de Navarre.

navires qui venoit d'Espagne audit pays, comprins six cent mille écus que le roy d'Espagne envoyoit au duc de Parme, son lieutenant, pour payement de la gendarmerie.

Quatre jours après, le seigneur de Candal, lieutenant de la compagnie des gendarmes de mondit sieur le duc, passa à Castres et s'achemina vers le roy de Navarre avec 12 ou 13 chevaux. Il visita les forteresses et bastions de Castres, et s'ébahissoit, comme avoit fait aussi ledit sieur de Pujol, de ce que l'on y avoit si peu travaillé, racontant qu'à Montélimar on avoit en peu de tems dressé onze bastions, dont y en avoit neuf parachevés, à quoi tous les gens de guerre travailloient. Le roy de Navarre avoit fait à extrême diligence travailler et fortifier Nérac, Sainte-Foy-la-Grande et plusieurs autres villes jugées faibles et rendues en peu de tems fortes, pour attendre l'armée. Lui-même, en personne, travailloit aux fortifications de Montauban et y faisoit porter son dîner pour, par sa présence, montrer aux autres leur devoir.

Jeudy, dernier janvier, Jean de Ferrières, se tenant à Gaix, étant venu à Castres, avertit M. le comte de Montgommery que l'ennemi de La Bruguière étoit en campagne avec 13 ou 14 chevaux. A l'instant, sans sonner ni trompette ni tambour, le sieur de Boissezon, son lieutenant, revenu à Castres depuis deux jours, s'y achemine, suivi, à la file, des gendarmes de la compagnie et de 60 ou 80 arquebusiers. Etant arrivés près de la métairie de Vieu, plus proche de La Bruguière (1), dont fut tué le sieur de Bois, et Val, gendarme, homme de bien, blessé à la tête, tomba à l'instant; son cheval se retira à notre troupe. Le cheval du sieur de Boissezon, blessé, le sauve encore et meurt à 30 pas de là. Deux ou trois autres chevaux furent blessés et deux soldats aussi. Et si ce n'est que nos gens de pied reconnurent de loin qu'il y avoit embuscade, la plupart y fussent demeurés. L'ennemi, après ce coup, se découvrit en nombre de 200 arquebusiers.

Le sieur de Sénégas, nommé Charles de Durant, en ce tems, tramoit sous main de diviser le diocèse et le séparer de l'union de la ville de Castres, pour la haine qu'il porte depuis long-

---

(1) Nouvelle lacune dans la copie, probablement.

tems à ladite ville. De fait, il fit tenir une assemblée à Vabre (1).

Les députés revindrent des États tenus à Pézenas, sur la fin de janvier ; après la tenue desquels M. le duc, pressé et importuné par les catholiques de Nîmes, s'achemina à ladite ville, là où on faisoit le procès aux auteurs de la trahison. De quoi se fâchoient les catholiques, remontrant que c'étoit une pure calomnie, controuvée par ceux de la Religion pour en chasser la messe qui s'y célébroit durant ces tems de troubles, quoi que à la confection du procès assistassent deux magistrats catholiques.

En ce voyage des députés à Pézenas, l'appel interjetté par ledit Donnadieu, consul, de l'ordonnance donnée par le juge de Castres en faveur d'Auque, fut jugé par le duc et son conseil, et la procédure dudit juge cassée. Donnadieu continué en sa charge et, au lieu de Raymond Prat, en seroit élu un autre par les consuls. Sur quoi, le conseil particulier et général de la ville assemblé, arrêta que mondit sieur le duc seroit prié de laisser Prat en la charge, attendu que la ville de Villegoudou demeureroit sans consul (2). Faisant autrement, seroit de grand préjudice et conséquence, joint que ledit Prat avoit exercé sa charge fidèlement, et qu'il ne se trouveroit personne qui la voulût accepter à sa place. M. de La Devèze étoit allé exprès à la poursuite de ce fait pour ledit Donnadieu. Il avoit auparavant envoyé ordonnance par lui obtenue sur une requête présentée à mondit sieur le duc, que, par provision, Donnadieu seroit reçu à la charge de consul et que M. de Lescout, lieutenant (3), avoit exécuté et baillé le serment audit Donnadieu, au grand regret dudit sieur juge qui, en ayant donné exploit portant inhibitions à Donnadieu d'exercer ladite charge et à son lieu-

(1) Le 8 janvier 1586 (Arch. du Tarn, C. 1.017).

(2) On sait que Villegoudou est la partie de Castres qui se trouve sur la rive gauche de l'Agoût.

(3) Il s'agit ici de Jean de Rotolp, sgr. de Lescout, lieutenant principal du juge de Castres, et de son fils Abel, sgr. de La Devèze, avocat distingué dont Sully fait un grand éloge dans ses Mémoires, livre XXII. Cette famille s'est fondue, vers le milieu du XVIIIe siècle, dans celle des de Falguerolles, par le mariage de Godefroi-Louis de F. avec Louise de Rotolp de La Devèze, dernière héritière de ce nom. Cependant, Louise avait une sœur cadette, Jeanne-Esther qui épousa Honoré de Noir de Cambon.

tenant de s'entremêler plus avant de ce fait sous peine de 500 écus, entreprenant ainsin sur l'autorité dudit sieur duc, découvrit par ce moyen son affection envers Auque.

Le bled se haussa à Castres, en ce mois de janvier, jusques à 8 livres 5 et 6 sous tournois le setier, parce qu'il avoit été mis une dasse (1) sur la traite foraine des bleds, vins, cuirs, sel, huiles et autres denrées entrant et sortant de la ville; tellement que, à Réalmont et autres lieux, on la faisoit payer aux voituriers qui étoient par ce moyen constrains hausser le prix. Ils payoient 5 l. tournois de chaque setier. La draperie, au commencement, n'y fut mise parce que les consuls de Castres de l'année passée y avoient intérêt; mais ceux de cette année l'y mirent. Cet argent étoit employé aux réparations, comme aussi le revenu des moulins de Castres.

Le bastion d'Ampare fut commencé le judy, 23ᵐᵉ janvier, et, comme l'on voulut commencer à démolir les parets de pierre des moulins du sieur de Roquecourbe, longtems il y a, ruinés, M. le consul Thomas l'empêcha et envoya chercher la veuve dudit sieur de Roquecourbe (2) pour en obtenir désaveu de M. le Comte, contre ceux qui avoient commencé la démolition, bien que ce fût des papistes. Toutesfois l'on prenoit la terre des champs et jardins de ceux de la Religion proches dudit bastion. Je fus ordonné contrôleur de la dépense qui se fairoit à la facture dudit bastion, par le Conseil général tenu cedit mois.

Le dimanche, second février, 200 hommes de la garnison de Castres s'acheminèrent à Escossens pour le surprendre avec des pétards. Et de fait ils l'eussent emporté, parce qu'il n'y avoit guères de soldats dedans; mais le cœur faillit aux chefs qui étoient des capitaines Francimans (3) dont les soldats se moquoient après.

(1) Impôt sur le transport des marchandises *Dace* vient de l'italien, *dacio*, ou du latin, *dare*. (Richelet, Borel, etc.)

(2) Catherine de Sabatery, fille d'un procureur général au Parlement de Toulouse. Sur la maison de Martin de Roquecourbe, ruinée en 1571, voyez de longs détails dans les *Mém. de Gaches*, p. 189, etc.

(3) C'est-à-dire, des hommes de la France au nord de la Loire, point de la langue d'oc.

Le sieur du Villa fit une course de nuit jusques aux faux-bourgs de Carcassonne, et y força et y pilla un logis sans que personne sortît pour l'en empêcher.

Le roy de Navarre écrivit, en ce tems, à Castres, que l'armée du duc du Maine, cottoyée toujours de M. le vicomte de Turenne, avoit assiégé Montinhac-le-Comte, petite ville et château à trois lieues de Sarlat. Les habitans, contre l'avis de Sa Majesté, à qui la ville appartient, s'étoient résolus d'attendre le siège. Aux approches, l'ennemi avoit perdu 60 braves hommes. Ladite armée n'osoit attaquer aucun lieu fort; ains temporisoit sans exploiter grands effets, se remuant de lieu à autre pour faire vivre son armée, tachant surtout et mettant tous ses desseins de passer la rivière de la Dordogne, et, de là, aller droit sans s'arrêter à Toulouse, ville du tout affectionnée au party et des principales de la Ligue, pour de là en hors exécuter les desseins longtemps y a complotés contre ce pays et Eglises réformées de Guienne et Languedoc. Au contraire, le dessein du roy de Navarre étoit de l'en empêcher par tous moyens.

Trois compagnies de gens de pied de l'ennemi furent défaites près d'un village que le roy de Navarre avoit assiégé ez environs du Mas-de-Verdun, où Sa Majesté étoit en personne, et à même tems le sieur de Fonterailles, et capitaine sur différent en campagne, 60 soldats et 100 arquebuziers à cheval des troupes du sieur de Duras (1).....

Trente soldats de la compagnie d'argoullets du comte de Montgommery, après avoir vendu et dépensé leurs chevaux à sa suite, s'en allèrent vers Montauban fort mal contens de lui. Le sieur de Tanus les reçut à Réalmont et Lombers, et leur donna moyen de passer la rivière de Tarn. Leur mécontentement procédoit, comme ils disoient, de ce que, bien que le diocèse leur fit montre, toutes fois ils n'étoient payés, ains leur montre retenue.

Le comte de Montgommery, ayant fait venir de Lauragais deux compagnies de gens de pied conduites par les capitaines Portal, Saband et Pelras, celle du capitaine Franc, fit résolution de faire marcher le canon à La Caune, pour d'illec assiéger

(1) Nouvelle omission.

Belmont ou Murasson qui faisoient mille maux et ravages à
ceux de La Caune. De fait, il partit de Castres avec sa compagnie de gendarmes, le 15ᵉ jour de février 1586, et fit suivre
celles de Lauragais. Il alla ce jour loger à Brassac. Y étant
arrivé de bonne heure, il manda, par Auret, soldat, au capitaine Bacou venir parler à lui au château de Balthazar de
Sobiran, sieur de Brassac, où il s'étoit logé. Bacou s'excuse
qu'il étoit mal disposé et avoit prins médecine, comme étoit
vray. Il lui mande de rechef de venir, et le fait persuader par
ledit Auret qui lui étoit fort familier et fort affectionné, et assura
que le canon marchoit et n'y avoit rien à craindre. Enfin il y
alla avec 3 ou 4 soldats. Etant entré dans la grande salle dudit
château, après avoir salué, le comte lui dit qu'il étoit prisonnier.
Bacou, sans s'étonner, lui demande pour quelle occasion, il lui
est répondu que c'est de l'autorité de M. le duc de Montmorency.
Là dessus, commanda qu'il fût désarmé de l'épée qu'il portoit ;
ce qui est fait aussitôt par les gentilshommes et capitaines qui
s'étoient à ces fins attroupés dans ladite salle à l'instant qu'il y
entra. Le bruit étant divulgué à Brassac, soudain La Laugeyrie
se servit d'un de ses chevaux, nommé la Mule, de la valeur de
500 écus sol, et s'enfuit vers Roquefère, les autres, ses fauteurs
et familiers, bien étonnés. Deux heures après Bacou est conduit
au château de delà où il faisoit son habitation, et environné de
gros nombre de gendarmes, gentilshommes et capitaines, et
étant illec il lui fut laissé 25 soldats pour la garde. Le sieur de
Boissezon arriva peu après, la nuit même. Le bayle Bacou, son
cousin, se sauva par fuite, avec Armand d'Olonzac et autres
soldats domestiques d'icellui, et un nommé Mᵉ Antoine Bégui,
de Brassac, qui, à son ombre, avoit fait maltraiter les habitans
dudit lieu. D'autre part, les capitaines Gautran et Birac, de
Castelnau, ses intimes amis et fauteurs, entendant ledit emprisonnement s'enfuirent aussi. Il vallut bien audit La Laugeyrie
de s'être sauvé de bonne heure, car autrement le comte l'eût
fait pendre pour les maux et ravages qu'il avoit commis aux
montagnes, sous couleur d'une compagnie qu'il y avoit levée,
contre l'expresse défence que ledit sieur comte lui en avoit faite
et réitérée.

Parce que Bacou tenoit le château de Roquefère à sa dévotion

et qu'il étoit à craindre que ceux qu'il y tenoit ne le rendissent
à l'ennemi, soudain l'on fit écrire une lettre audit Bacou par
laquelle il mandoit de remettre ce château au pouvoir de ceux
que M. le comte y envoyeroit ; mais ils n'en firent rien, ains le
mirent au pouvoir de M. le baron de Paulin, à un beau fils
duquel ledit de La Laugeyrie vendit le susdit cheval pour cent
écus sol qu'il joua aussitôt.

Le bruit venu à Castres de l'emprisonnement dudit Bacou
réjouit merveilleusement les habitans, comme chose advenue
tant inopinément et si secrètement exécutée par le comte.

Lendemain, samedy, un canon, une pièce de campagne et
une moyenne furent conduites par le sieur de Colombières, qui
se trouva lors en ville avec les susdites compagnies, vers La
Caune, quoi qu'il survint un si mauvais tems de neiges et
verglas, que l'on eût vu de tout cet hiver.

Nouvelles arrivèrent, en ce tems, de Montauban que le duc
du Maine avoit prins par composition Montinhac-le-Comte (1)
où étoient morts en deux assauts 200 soldats de l'ennemi, et
autant de blessés, entre lesquels y étoient demeurés bon nombre
de gentilshommes et capitaines. Le capitaine de la ville fit
composition pour lui et les soldats forains qui étoient dans la
ville, qu'ils sortoient vies et bagues sauves, comme ils firent,
et les habitans laissés à discrétion qui furent pour la plupart
tués ou pendus en haine de la mort de tant de gens, et d'avoir
osé attendre une armée en lieu non tenable (2). Voilà que c'est
d'introduire dans une ville des gens plus forts que les habitans
et si déloyaux que ce capitaine.

Maître Antoine Lager, juge, et Antoine de L'Espinasse, syndic du diocèse de Castres, s'acheminèrent vers Brassac avec
ledit sieur de Colombiers pour pourvoir aux affaires de munitions. Où étant, la nuit du dimanche en suivant, le capitaine
Bacou fut tué et jeté d'une fenêtre du château la tête la première près la rivière. Il fut veu, lendemain, à la rive d'icelle

(1) Montignac, Dordogne, fut pris le 6 février 1586, d'après P. L'Estoile
qui ne traite pas sérieusement cette capture dont « la Ligue, à Paris, fit un
trophée au duc de Mayenne ». (*Mém. journ.* II, 326 ; Paris, 1875, in-8o.)

(2) « Le roi de Navarre n'avait auparavant qu'un concierge dans cette place,
sans vouloir souffrir qu'on y fit la guerre » (P. L'Estoile).

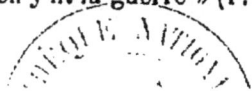

sur le rocher. L'on tira quelques arquebuzades, après la minuit,
et il y eut alarme, criant qu'il se sauvoit ; mais il n'avoit garde,
car, comme a été sçu depuis, étant au lit endormi, il fut assom-
mé avec un gros marteau de maréchal, par le capitaine Domenjou étant au service du sieur de Boissezon. L'on dit qu'au
premier coup il se leva en sursaut tout étourdi, se plaignant de
ce qu'on ne lui donnoit loisir de prier Dieu. A ce cri, tous ceux
qui étaient là proche s'enfuirent ; mais Domenjou voyant qu'il
perdoit ses forces et s'inclinoit sur le lit, acheva de l'assommer
et après le jeta par ladite fenêtre. Il avoit demandé à M. le
comte d'être amené devant M. le duc de Montmorency pour se
purger de ce que l'on lui imposoit ; et, de fait, il s'y attendoit
fort et dit, le dimanche, au sire Misse, de Castres, et à quelques
autres qui parloient à lui, qu'il espéroit après avoir parlé au
duc, de faire donner du nez en terre à ceux qui lui avoient
dressé cette calomnie, et n'avoit aucune appréhension qu'il dut
être ainsi traité. L'on dit aussi que aucuns avoient résolu de le
tuer d'un coup de pistolet, pendant qu'il écrivoit la susdite
lettre de Roquefère ; mais personne ne le voulut entreprendre,
fors le dit Domenjou, réputé d'ailleurs grand meurtrier à
la guerre (1). Voilà comme Dieu punit un méchant par un
autre.

Les habitans de Brassac et la montagne furent fort aises de
la mort de Bacou et de se voir délivrés de la tyrannie qu'il
avoit exercée contre eux depuis son arrivée à Brassac, et ne
pouvoient croire, au commencement, qu'il fût vray. Il avoit
commis de grands maux sur le pauvre peuple des champs,
devenu grand blasphémateur, haïssant justice, fier, insolent et
superbe sur tous. Sa femme l'avoit souvent exhorté de se com-
porter modestement ; mais en vain. Il ne faisoit état d'aucun,
quelque grand qu'il fût, fors M. le duc. Il étoit grand ennemy de
la paix et de la noblesse, et complemteur de sa religion. Il

(1) Gaches appelle ce capitaine, Monjeu. — Sur la mort de Bacou, arrivée
le 16 février, voyez le journal de Charbonneau, celui de Faurin, etc... —
D'Aubigné parle des procédés de Bacou dans son *Hist. univ*, t. V, p. 352,
édition de M. le baron de Ruble, en cours de publication. — Notre Bacou ne
doit pas être confondu avec le capitaine Bacoue, fils d'un trésorier de
Casteljaloux, tué sous les murs de cette ville, en 1577.

avoit gâté et perverti grand nombre de soldats et jeunes gens
par ses mauvais déportemens ; bref jamais Brassac et autres
lieux renommés méchans ne connurent tant de maux comme
Bacou avoit fait, et plus en paix que en guerre.

L'occasion de sa mort tant précipitée, fut, comme l'on disoit,
crainte qu'il n'échappât. On fût allé l'arrêter en chemin, s'il
avoit été mené à mondit sieur le duc ; parce qu'il avoit grand
nombre de soldats et gens de guerre à son commandement, et
autres sujets que ne sont encore venus à notre notice.

Il étoit soupçonné, et le bruit en courut fort après sa mort,
que il avoit intelligence avec le sieur de Cornusson, sénéchal,
et M. Durant, premier président de Toulouse, qui l'avoient fait
pratiquer depuis deux ans par le sieur de Cabanes et Cabrilles ;
avec M. de Lautrec qui, en habit dissimulé et seul, de nuit, étoit
allé souvent le trouver à Brassac ; et que, depuis l'arrivée du
duc du Maine en Guienne, il parloit plus fièrement que jamais ;
que il avoit intelligence sur Béziers, Castres et 3 ou 4 villes des
montagnes, grand intelligence aussi avec les ecclésiastiques de
ce diocèse de Castres, pour l'arrentement de Saint-Chignan-de-
Brassac et autres bénéfices auxquels il étoit préféré ; que déjà
le capitaine Pech, de Terrebasse, l'un de ses plus favoris,
auquel, avec sa compagnie et celle de La Leugeyrie, il avoit fait
ravager les montagnes de ce diocèse, avoit vendu Malhac à
l'ennemy, quoi que le duc le lui eût baillé pour y tenir garnison
et le garder à son obéissance ; et, pour la fin, qu'il devoit
attenter à la personne dudit sieur duc, son bienfaiteur. Là
dessus, il y avoit plusieurs discours sans résolution.

Tant y a que (quoi qu'il eût mérité la mort la plus cruelle que
homme de son tems ni de plusieurs siècles passés, pour les
maux, meurtres, pilleries et autres insignes méchancetés qu'il
avoit commises non seulement à la guerre contre ceux de son
propre party, mais à la paix qu'il troubloit en tout le Languedoc et qu'il rendoit inutile, sans entrer à ce qu'il pouvoit
projeter à l'exécuter s'il n'eût été prévenu), tant y a, que
plusieurs trouvoient fort étrange la façon de procéder en sa
mort, pour n'avoir été exemplaire à tous ceux qui l'avoient
suivi et accompagné en ses pernicieuses entreprinses ; notamment, de ce que l'on ne lui avoit fait et parfait son procès pour

découvrir ses desseins qui eussent été interrompus par ce moyen, notamment étant entre ceux de son party. D'autres disoient qu'il étoit advenu d'aviser sa fierté, afin qu'il n'échappa, si tant étoit que cela fut vray qu'il voulut exécuter ce qui étoit présumé contre lui, et que c'étoit couper chemin à ceux qui eussent désiré de le sauver. Comme quelques uns, le dimanche, lui eussent, en propos famillier, au milieu de ses gardes, parlé d'être mené à Castres, il dit qu'il aimeroit mieux mourir que d'y être conduit. Voilà, en somme, la plupart des bruits que couroient après sa mort. Mais il est à présumer que ceux qui commandèrent sa mort avoient des grandes occasions de ce faire. Quand ne seroit que d'avoir, par ce moyen, préservé le bien à ses enfants, ils ont fait beaucoup pour eux. Il n'y a que cela à redire que, depuis que sa mort étoit délibérée pour quelque occasion, on l'exécutat ainsi hors la forme de justice exemplaire. Il étoit nécessaire, à bon escient, de lui prononcer qu'il n'y avoit plus de remède en son fait, afin de le préparer à une repentance de sa faute et l'exhorter se retourner vers Dieu ; et, là dessus, lui donner quelques heures de relâche pour y penser et se préparer; voire le faire exhorter par quelques personnages de suffisance requise, pour, en perdant le corps, travailler au salut de son âme, comme il se doit faire entre les chrétiens usant de charité et de miséricorde envers les hommes.

Après l'exécution de Bacou, le comte de Montgommery partit de Brassac avec les sieurs de Colombières, de Boissezon, du Causse, père et fils, les compagnies de Lauragais, le capitaine Rascas avec sa compagnie et autres. Ils s'acheminèrent vers La Caune où l'artillerie fut conduite avec grand peine et difficulté par la diligence du sieur du Causse, le fils, qui y fit bien son devoir jusques à La Caune, en tems pluvieux de neiges et froid extrême. Illec ils assiégèrent le fort de Nages, appartenant au sieur de Calvet, qui enfin fut prins après 50 coups de canon. Calvet y fut retenu prisonnier, et 10 ou 12 soldats qui se sauvoient, ayant sauté par une fenêtre, tués. Le fort fut pillé et butiné. Il n'en revint aucun profit au public, bien qu'il y eût 2000 setiers bled et 500 quintaux laine, outre une infinité de toutes sortes de meubles.

De là, les troupes s'acheminant vers Belmont, l'investirent.
Il y eut un fort combat dressé aux fauxbourgs par le sieur de
Boissezon et iceux gagnés. Le sieur de la Vacqueresse marri
que cela avoit été entreprins dans son gouvernement sans son
sçu, se dépita et ne vint avec les troupes de Rouergue, comme
il devoit (1). Ce fut cause que le canon fut ramené à La Caune
et les troupes s'en revindrent ayant ruiné ce pays des montagnes, sans y rien faire. Voilà comme l'ambition empêche de
bons effets.

Pendant cette expédition, le duc du Maine en fut averti aux
environs de Figeac où il séjournoit avec son armée, faisant
semblant de l'assiéger. Il débande un régiment, pour venir au
secours de Belmont, qui s'achemina sous la conduite du sieur
du Bourg, oncle du sieur de Ferrières (2) ; mais son bagage fut
prins par le sieur de Tanus aux environs d'Alby, et ayant
entendu la retraite des forces à Castres, il rebroussa chemin
d'où il étoit venu.

En ce mois de février et commencement de mars, arrivèrent
plusieurs lettres mandées par le roy de Navarre et M. le vicomte
de Turenne, à M. le comte de Mongommery et à tous les seigneurs, gouverneurs et gentilshommes, villes et capitaines du
pays, de s'acheminer vers Montauban, pour empêcher que le
duc du Maine ne s'y acheminât, et en Languedoc aussi ; mais
personne ne bougeoit, à cause que les gouverneurs n'avoient
guères d'affection à faire ce voyage, notamment le comte
de Mongommery, à qui Sa Majesté écrivit fort affectionnement.

Le pays de Quercy branloit déjà, à cause de l'arrivée du duc
du Maine et son armée, et icellui même. Peu s'en fallut que

---

(1) La Vacaresse s'appelait Gabriel Hebles, sgr. de La V., près d'Alrance
(Aveyron). Il était gentilhomme de la chambre du roi, gouverneur de Saint-
Affrique et du Rouergue, depuis le 7 janvier 1580.

(2) Michel de Bayard, sgr. de Ferrières, devait être, par sa femme, Marguerite de Guillot, fille d'Anne Du Maine Du Bourg, neveu d'Antoine Du
Maine, connu sous le nom de Du Bourg-Lespinasse dont il est question ici,
sans doute. Au reste, on n'a pas une bonne généalogie de la famille Du
Bourg, qui cependant a joué un rôle important dans l'histoire. — Quant à
Charles de Lorraine, duc de Mayenne, on l'appelait indifféremment *Maine*
ou *Mayenne*.

Figeac ne fût abandonné, comme jugé non tenable par le conseil du roy de Navarre; mais le sieur de La Meausse, vieux capitaine, qui jà par six ou sept ans en étoit gouverneur comme d'une ville d'otage, fit tant envers Sa Majesté qu'elle lui permit la tenir, persuadé aussi par le sieur vicomte de Gourdon qui lui promit secours, et, de fait, se mit dedans avec 500 arquebusiers d'élite, ayant fait vuider le meilleur des meubles, les familles et personnes inutiles, et retirer le tout à Capdenac, lieu fort, à 3 lieues de là; et résolurent d'y attendre le siège.

Le sieur de Turenne s'en vint à grandes journées à Montauban avec 1000 arquebusiers pour, d'illec en hors, assembler les forces et faire tête à l'ennemy. Il visita Saint-Antonin, Bourniquel et autres villes effrayées de l'armée du duc du Maine, et les assura, leur donnant cœur avec promesse de secours; car autrement il étoit à craindre qu'ils n'eussent prins party.

Pendant ces choses, au lieu que le secours devoit s'acheminer à Montauban, il survint un grand différent entre Monseigneur le duc de Montmorency et le sieur de Chatillon qui devoit marcher avec 3000 arquebusiers à Montauban, et lui étoit commandé; mais il n'avoit moyens de les payer, et faire montre, et ledit sieur duc ne lui vouloit faire délivrer argent, sans déduction de ses gages; et de cela avec autres particularités en un grand tel discord, que ce secours tant nécessaire fut interrompu. Le roy de Navarre étant averti, y envoya en diligence le sieur de Pujol qui passa à Castres; mais il ne peut y remédier. D'autant aussi que le sieur de Chatillon requéroit que deux canons de Nîmes ou Montpellier, qui avoient été baillés pour le siège de Clermont, y fussent remis. A quoi le duc ne vouloit entendre, disant qu'ils demeureroient aussi bien à Pezénas, où il les avoit fait conduire, comme à Montpellier ou Nîmes.

Le duc de Montmorency, en ce mois de mars, s'en alla battre Villeneuve-lez-Avignon, le gouverneur de laquelle s'étoit révolté. Il la reprint, ayant aussi voulu surprendre le Pont-Saint-Esprit, mais en vain. Le sieur comte de Montgommery, en ce mois, alla avec sa compagnie de gendarmes vers La Bruguière pour attirer la garnison; mais, en deux fois, ils tuèrent un de ses gendarmes, un arquebusier à cheval, et quelques-uns blessés, outre trois ou quatre chevaux tués.

Pendant que l'armée du duc du Maine séjournoit aux environs de Figeac, sans autrement l'assiéger, le roy de Navarre qui étoit à Nérac, et le sieur vicomte de Turenne étant à Montauban, ne cessoient, par lettres sur lettres, de presser que le secours d'Albigeois, Lauraguais et Foix s'acheminât vers Montauban avec grandes prières et remontrances; mais ce fut en vain, car personne ne bougea guères, bien que les soldats et habitans des villes eussent bonne volonté de s'y acheminer.

L'accord entre le duc de Montmorency et le sieur de Châtillon fut fait, en ce tems, par l'entremise de ceux de Nîmes qui s'y employèrent à bon escient; mais, pour cela, aucun secours ne s'achemina vers Montauban.

Le duc du Maine veut surprendre le roy de Navarre.

Le duc du Maine, après avoir séjourné environ cinq semaines ez environs de Figeac, se retira vers Agen et, de là, au Port-Sainte-Marie pour exécuter un dessein qu'il avoit sur la personne du roy de Navarre. De fait, prenant avec soy sa cavalerie estimée à 3,000 chevaux, compris 1,200 reistres qu'il avoit, et faisant suivre son infanterie estimée de 10 à 12,000 hommes de pied, s'achemina à grand diligence pour investir Nérac, et y assiéger le roy de Navarre, où se devoit venir joindre le sieur maréchal de Matignon avec 4 ou 5,000 hommes qu'il avoit. De fait, peu s'en fallut qu'il n'y enveloppât le roy de Navarre, lequel étant averti quelques heures devant, partit de Nérac en hâte avec 200 chevaux. Prenant le chemin de Bergerac, il passa bien près des troupes de gendarmerie dudit du Maine, sur le point qu'ils se logeoient en quelques villages, ne faisant que débrider leurs chevaux pour repaître; que s'il s'y fût rencontré eux étant à cheval, sans doute ils étoient attrapés. Encore fut-il suivi par quelques escortes de cavalerie qui soudainement étoient montés à cheval pendant que les trompettes de toute la troupe éparse çà et là, ayant eu l'alarme de village en village, au bruit des premiers, se rallioient pour le suivre; et, de fait, quelques-uns lui furent fort proches; mais il avisa de telle diligence, que, moyennant l'aide de Dieu, il parvint sain et sauf à Bergerac, ayant échappé un grand danger (1).

Le sieur vicomte de Turenne ayant attendu en vain le secours de ce pays, à Montauban, s'en retourna à Nérac où il fit mettre 2,000 hommes en garnison. Trois compagnies avoient été dressées au diocèse de Castres et au vallon de Mazamet, auxquelles avoit été fourni 150 écus pour ce secours; mais pourtant aucun ne marcha. L'on imputoit la faute aux gouverneurs des villes. Le duc du Maine ayant failli son coup, assiégea Castets, un fort château, bien muni de munitions de guerre et de 500 hommes de garnison. Il le battit de 12 canons.

En ce tems, le gouverneur de Lautrec, nommé Saint-Aubin, fut fait prisonnier, près Saint-Paul, par le sieur de La Rasarié. Quelques soldats qui le rencontrèrent revenant de Toulouse, lui avoient tué son cheval entre ses jambes. La garnison de Gascons qu'il avoit à Lautrec se retira peu de jours après, non sans avoir fait une infinité de ravages et pilleries sur le pauvre peuple. Le sieur de Fenairols fut fait, en ce tems, gouverneur dudit Lautrec.

A La Caune il advint une rencontre du sieur de La Ginié qui avoit dressé deux embûches contre ceux de la ville, et le capitaine La Barre, que le sieur comte de Montgommery y avoit laissé avec le canon depuis Nages, sortit avec la garnison et furent enveloppés au milieu de l'embûche, où furent tués 5 ou 6 soldats de La Caune, et autant de blessés. De l'ennemi aussi en moururent 7 ou 8, pour la grande résistance qui y fut faite, où le capitaine La Barre fit fort son devoir, comme aussi un cousturier de Castres, nommé Combelasse, fut remarqué avoir fait acte de vaillant soldat; et échappèrent un grand danger.

L'Assiette du diocèse se tint à Castres, en ce mois de février, où M. le Comte se trouva à plusieurs séances, ayant fait opiner, en sa présence, sur le fait de ses gages et entretennement de sa compagnie, la noblesse fléchissant à sa volonté. Sur quoi, les députés d'icelle en étoient. M. de L'Espinasse, syndic, et Calvet,

___

(1) D'Aubigné raconte ce passage du roi de Navarre d'une manière un peu différente (*Hist. univ.*, tome III. p. 17 et suivantes, édit. de 1620). Voir aussi les *Mém. de la Ligue*, II, p. 176, etc.

de Viane (1), lui allèrent remontrer ce qui avoit été arrêté. Il répondit que 30 coquins ne lui fairoient pas la loi, voulant entendre des diocésains.

Il a été dit cy-dessus que le sieur de Sénégas, nommé Charles Durant, désireux des nouvelletés, tachoit de faire diviser les montagnes d'avec la ville de Castres. A ces fins il avoit fait tenir une assemblée à Vabre où il s'étoit fait députer, avec un nommé...... de La Caune. Suivant cette délégation, ils s'en vont aux Etats, à Béziers, où, dessous main, présentèrent à Monseigneur le Duc, articles contre la ville de Castres tendant à ladite séparation. Ne la pouvant obtenir, ils présentent requête, narrant beaucoup de choses au déshonneur de ceux qui avoient manié les affaires du diocèse, les taxant de péculat et d'attirer tous les deniers au profit de la ville de Castres et de certains particuliers. Ils la gardèrent à appointer jusques à ladite assiette où ledit sieur de Sénégas fit sa délégation pour brouiller et troubler l'assemblée. Il lui fut demandé adveu du contenu en ladite requête ; mais, d'un grand nombre de villes et villages qu'il avoit fait syndiquer, ne s'en trouvèrent que deux, Vabre et Sénégas, qui l'advouèrent en partie ; les autres la rejetèrent du tout.

Il fut là remontré qu'il devoit faire ses plaintes à Monseigneur le Duc et y appeler Mrs les consuls Dupuy et Bissol, fils, députés pour Castres aux dits Etats ; lesquels l'eussent défendu et, parties ouïes, il eût obtenu jugement avec connoissance de cause ; mais il ne trouva autre excuse, si non qu'il n'avoit fait que son debvoir. En quoi l'on connut manifestement qu'il ne marchoit pas de bon pied en cette affaire ; mais comme il est d'un esprit subtil et frétillant, et surtout ennemi juré et capital de la ville de Castres, il ne tachoit qu'à remettre l'union du diocèse avec ladite ville. Il fut taxé, néantmoings pour son voyage autant inutile que dommageable, à XXX écus et l'autre XXV écus.

En cette assemblée, fut arrêté que le canon conduit à La Caune serait ramené à Castres, parce qu'il étoit à craindre que

(1) Antoine de Lespinasse, docteur en droit, syndic du Conseil de la ville de Castres, et Jean Calvet, lieutenant juridictionnel de Viane.

les troupes de Toulouse, au nombre de 3000 hommes de pied et 400 chevaux, s'étant allés joindre peu de temps auparavant avec l'armée du duc du Maine, à Figeac, et étant sur le point de leur retour à Toulouse, dresseroient leur route vers La Caune pour l'assiéger. A quoi ledit sieur de Sénégas promit faire tout devoir et amasser gens à la montagne, pour cet effet.

Suivant ladite conclusion et promesse, l'on envoye commissaires et gens élus pour la conduite de ladite artillerie. Lesquels, arrivés à La Caune pensoient trouver toutes choses pour ce parfaire et gens assemblés pour la conduite. Ils n'y trouvent rien que mauvaise volonté des habitans, à ce persuadés par Sénégas qui ne bougea de sa maison ni assembla aucun homme pour cet effet. Ce fut cause que Castres y envoya le capitaine Rascas avec sept ou huit vingts hommes, lesquels à peine furent logés aux fauxbourgs de La Caune. Et y cuida avoir mêlée, pour leur logement, avec ceux de la ville, lesquels aussi furent cacher tous les bœufs et charrettes des environs pour ôter tous moyens d'en ramener le canon et pièces de campagne. Là dessus, les sieurs du Causse et de Brassac firent venir bœufs et bouviers d'autres endroits, et disposèrent les consulats, en sorte que chacun les sortiroit de sa terre, n'épargnant même leurs propres bœufs; tellement que, moyennant leur diligence et le désir que les pauvres paysans avoient de se décharger des frais et dépens, les pièces arrivèrent à Castres dans trois jours après leur partement. Encore ceux de La Caune retinrent des boulets.

Les canons et pièces sortis de La Caune ne furent pas sitôt en route, que l'ennemi, ayant assemblé ses forces de toutes parts, ne se mit en chemin pour les ôter; mais ne croyant pas que telle diligence fut faite, ils s'attroupoient à l'aise; tellement que si l'on eût manqué de deux jours, jamais ne fussent retournés à Castres, l'ennemi étant fort de toutes parts sur le chemin, lendemain de leur arrivée à Castres, pour les ôter. En quoi tous présumoient que le sieur de La Giniè avoit été averti du tout et des difficultés que tout exprès s'y trouveroient pour leur donner loisir de s'assembler. L'on murmuroit fort contre le sieur de Sénégas, veu qu'il n'avoit rien fait de ce qu'il avoit promis; joint que M. le comte de Montgommery avoit été bien averti que, s'acheminant vers Nages et Murasson, ledit sieur de Sénégas avoit par avant voire banqueté en chemin avec le sieur de La Ginié, principal motif de la ruine de La Caune et des montagnes.

Les forces de l'ennemi assemblées au pays d'Albigeois sous la conduite du sieur de Cornusson, sénéchal de Toulouse, menant deux pièces de batterie, ayant failli à ôter les canons et pièces de campagne en venant de La Caune, ravagèrent tout le pays d'Albigeois, avant que les forces de la Religion fussent ramassées. En premier lieu, ils assiégèrent et prindrent Tanus. De là, s'acheminant à Trébas, le lieu fut br lé par le capitaine Cambolives, Alban fut guêté et brûlé par le capitaine Marchet, sans voir l'ennemi, sauf le clocher qu'ils s'opiniâtrèrent de tenir. L'ennemi y va, le bat et prend, brûle dedans 25 soldats avec le capitaine. Le capitaine Comte, fils de la ville, voyant venir l'ennemy, au commencement, se sauva avec 30 ou 40 soldats, par détours et chemins à lui connus. En somme, tout l'Albigeois trembloit, pour 2,000 hommes que l'ennemy pouvoit avoir, pour le plus. Campanhac et autres maisons de gentilshommes de la rivière de Tarn, en Albigeois, furent épargnées par l'ennemi, à la pareille, ce que ne put obtenir M. de Tanus, gouverneur de Réalmont, parce qu'il faisoit la guerre à bon escient.

Comme ces exploits étoient exécutés par les ennemis catholiques, la compagnie de M. de Lux, fils du sieur de Montbartier, en nombre de 7 ou 8 vingts hommes, vint promptement de Lauraguais au secours d'Albigeois et fut envoyé à Lombers pour y attendre le siège dont la ville étoit menacée. Quelques jours après, les compagnies des capitaines Portal et Sabaud, de Revel, Pelras, de Puylaurens, en nombre de 300 hommes, vindrent audit secours, et, avec la compagnie du capitaine Rascas, composée des habitans de Castres, s'acheminèrent vers Réalmont, où M. le comte de Montgommery, avec sa compagnie de gendarmes, se rendit. Ce que le sieur de Cornusson apprenant, il repassa la rivière de Tarn avec ses troupes. Ce fut cause que M. le comte de Montgommery envoya la compagnie du capitaine Rascas à Briatexte, tant pour le renforcer, craignant que l'ennemi se dressàt, que pour le garbouge, qui y

éloit survenu entre la garnison et les principaux habitans de la
ville, contre certains habitans mal affectionnés à la Religion,
qui troubloient l'état d'icelle, comme sera dit ci-après.

A Briatexte, il y avoit de longtems quelques-uns, entre lesquels le sieur de ..... les Bonhères, ce sont trois frères, et
autres, lesquels, par les menées du capitaine Franc, introdui-
sirent le capitaine Mauset et sa compagnie dans Briatexte, ayant
obtenu commission de ce faire, du sieur comte de Montgommery. Par ce moyen, le capitaine Rascas et sa compagnie furent
occasionnés de s'en retourner à Castres.

Lorsque le sieur de Cornusson eut repassé la rivière de Tarn,
les forces d'Albigeois et de Lauraguais se voyant ensemble, le
sieur comte de Montgommery, les sieurs de Deyme et de Tanus
résolurent d'assiéger Dénat, près Réalmont, le 29 avril 1586. A
cet effet, le canon dudit Réalmont y fut conduit, et M. le comte
manda aux consuls de Castres, par le sieur de Boissezon, de y
faire conduire l'un des canons dudit Castres ; à quoi la ville
ne voulut acquiescer, ayant remontré que cela ne se pouvoit
faire sans un évident danger de les perdre, veu que les forces de l'ennemi étoient en plus grand nombre que celles de
ceux de la Religion ; dont ledit sieur comte fut extrêmement
marri (1). Pourtant le baron de Paulin étant venu à Réalmont
fâché que l'ennemi se fût attaqué aux maisons des gentilshommes, même de ses alliés, tels que le sieur de Tanus et autres
ses amis, et à une des siennes propres, et voulant s'en revan-
cher, en quelque sorte, pressa le siège de Dénat, et le fit battre
dudit canon et de quelque pièce de campagne. Il se fit quelque
brèche, mais cela étoit aussitôt remparé, parce que un seul canon ne pouvoit guère hâter la batterie. Enfin fut donné un assaut
mal à propos où le capitaine Possines, fils d'Antoine Possines,
marchand de Castres, enseigne du capitaine Mascarenc, vaillant
jeune homme, fut blessé avec quelques autres, et 4 ou 5 tués.
Ledict Possines eut la cuisse rompue d'un coffre qui lui fut rué
de la brèche ; tellement qu'il fut là tout le jour et la nuit, criant
et se lamentant qu'on le vint ôter de là, ce que ne se pouvoit

___

(1) Montgomméry parlait « de faire brancher un des consuls à son arrivée..... » *Mém. de Gaches*, p. 321. — Batailler est le seul de nos chroniqueurs qui précise la date du siège de Dénat.

faire sans évidente perte de ceux qui se fussent hazardés. Aussi, son capitaine n'y fit pas tout le devoir qu'il pouvoit, bien qu'il en fut prié et exhorté par plusieurs gentilshommes. Enfin, ceux de dedans le tirèrent de là et le mirent dans la ville, voire le firent panser pour le sauver et en avoir rançon. De fait, quelqu'un de la ville en avertit les siens ; mais il mourut deux jours après. L'ennemi se présenta, faisant mine de secourir le lieu. Ils vindrent jusques à La Bastide, à pied et à cheval ; mais voyant que l'on les alloit combattre, ils se retirèrent, comme firent les troupes des assiégeans, et ramenèrent le canon à Réalmont.

Pendant ce siège, le vicomte de Turenne écrivit fort affectionnément et envoya aussi les lettres que le roy de Navarre écrivoit à M. le comte de Mongommery, de Deyne, de Tanus et à tous les sieurs gentilshommes et capitaines du pays, en nombre de 46 lettres, les priant de venir au secours du pays de Quercy pour secourir Saint-Bazile (1) battu furieusement par le duc du Maine et le sieur Maréchal de Matignon joints ensemble, avec 20 canons, protestant que ce seroient les dernières lettres qu'il écriroit pour cet effet, et que si ce pays étoit pressé jamais, qu'il n'attendit aucun secours, veu qu'il le refusoit aux autres, requis de si longtems et par tant de réitérées fois ; mais ce fut en vain. Le sieur de Turenne avertissoit que Castets après avoir enduré plusieurs assauts, s'étoit enfin rendu avec honorable composition, vie et bagues sauves, enseignes déployées, et tambourins sonnans, outre 12.000 écus que le duc du Maine payoit au seigneur dudit lieu pour sa maison qu'il leur quittoit pour être rasée (2). Entre autres choses que le dict sieur de Turenne écrivoit à Castres étoit celle-cy, qu'il savoit bien et le roy de Navarre avoit été averti du bon devoir que la ville avoit fait de fournir les choses nécessaires aux compagnies de gens

(1) Sainte-Bazeille (Lot-et-Garonne), que L'Estoile place en Gascogne. — V. *Hist. Unio.* de de Thou au sujet de ces faits de guerre, et aussi d'Aubigné.

(2) Ce ne fut pas Mayenne qui paya les douze mille écus d'or à Jean de Fabas, sgr. de Castets-en-Dorthe, conseiller, chambellan et maréchal de camp du roi de Navarre, ce fut Henri IV lui-même, après son avènement à la couronne de France. (Arch. de la Gironde, reg. du Bureau des Finances, enreg. du 8 nov. 1596)

de guerre levées en ce diocèse pour le secours du Quercy, mais que, d'ailleurs, il savoit bien aussi qu'il y avoit quelques uns qui vouloient faire leur chasse à part. En quoi ils se trompoient, car si l'on fût venu à tems au secours dudit pays, le sieur de Cornusson ne ravageroit pas l'Albigeois à plaisir, comme il faisoit, parce que l'on lui eût taillé de la besogne que jamais il n'eût veu parachevée ; les remerciant de leur bonne affection. Il taxoit, par cela, tacitement le comte de Montgommery, parceque le roy de Navarre lui ayant écrit 10 ou 12 fois, il n'avoit pourtant fait devoir de s'acheminer. Ce que voyant, la ville de Castres avoit écrit et mandé au roy de Navarre s'en excuser, comme (1) .... à eux que les troupes ils eussent marché.

A Saint-Bazile, au commencement du siège, le roy de Navarre avoit mis 7 ou 800 arquebuziers ; mais n'étant pourveus de munitions de guerre ni de vivres, furent constrains de venir à composition qui leur fut accordée à grand difficulté, par le moyen d'un gentilhomme, parent du gouverneur de la ville, de sortir vie et bagues sauves. Le duc du Maine, sachant ce défaut de munitions, les vouloit faire rendre à discrétion.

Le sieur de Cornusson ayant repassé le Tarn avoit assiégé Campagnac, maison appartenant à M. le vicomte de Paulin, et c'étoit la cause pourquoi Dénat avoit été assiégé, pensant l'en divertir. Toutes fois, quelques gentilshommes trouvèrent moyen de faire quitter le siège dudit château de Campagnac et de quelques autres châteaux appartenant à ceux de la Religion, avec promesse qu'ils ne porteroient aucune nuisance et préjudice à ceux de leur party. Voilà le respect que la noblesse porte à la conservation de leurs biens au milieu des troubles, et à la pareille les uns des autres.

M. le comte de Montgommery persuadé par le baron de Paulin, M. de Sénégas et autres, marris de n'avoir pu forcer Dénat, rejetoient la faute du tout sur les consuls et principaux de Castres, à cause du dény par eux fait de prêter le canon ; car il y avoit apparence que si Dénat eût été battu de deux canons, il eût été forcé et prins, comme ils le disoient. Il étoit

_____
(1) Lacune du manuscrit.

fort marri de ce refus, et, sur ce, comme il fut rapporté, avoit dit en colère quelques propos, qu'il leur en fairoit une qu'ils sentiroient bien ; et là-dessus s'en revint avec sa compagnie de gendarmes et fit suivre, sans en faire bruit et semblant, les troupes de Lauraguais qui pouvoient passer le plus droit vers Saint-Paul. Arrivé, il se plaint de ce refus à M⁺ le juge, consuls et conseil qui s'en excusent sur le tems, et les forces de l'ennemi. Il tança rudement ledict sieur juge d'être cause du tout, usa de quelques menaces et, à ces façons de faire continuement, il montroit évidemment être fort fâché contre eux. Cela fut cause, joint l'avertissement à eux donné par quelque gendarme de sa compagnie de se tenir bien couverts et en leurs gardes, joint la venue inopinée des compagnies qui jà étoient aux environs, que les dixainiers de la ville sont mandés se trouver en armes aux portes. Les consuls en personne s'y trouvent et en sont là fort fermes du tout. Ils y laissent grosse garde, et les murailles garnies de gens, comme à un siège, et firent penser audict sieur comte qu'il étoit découvert. Il s'en plaint. L'on lui déclare, en pleine maison commune, le bruit et avertissement de gens de bien, sans nommer personne. Il s'excuse de n'en avoir parlé, demande qui l'a dit. On lui redit qu'il vient de bonne part, que ce n'est point pour rien entreprendre sur son autorité, mais pour la conservation de la ville menacée aussi par quelques uns qui avoient commandement aux compagnies, et ainsi ayant ledict sieur déclaré son intention n'est autre que de la conserver, et qu'il l'a requis. Les portes demeurèrent en l'état tout le jour. Le lendemain, lesdites compagnies étant venues aux portes, l'on parla aux capitaines Portal, Pelras et Sabaud de la juste occasion de s'assurer des portes. Lesquels, avertis de tout, dirent qu'ils ne consentiroient jamais à faire ou permettre être fait aucun tort à la ville ; ains plutôt l'empêcheroient de tout leur pouvoir. Les chefs d'icelles entrèrent avec les soldats qu'ils voulurent. Quant aux compagnies de Chabert et Marchet, pour ce qu'ils ont et pouvoir faire état de leur volonté, sachant aussi qu'elles dépendoient de M. de Sénégas, mestre de camp mal affectionné à la ville de Castres, et desquelles quelques soldats s'étoient induits à piller la ville, ils n'y furent point introduits, ains passèrent l'eau à Salvages.

Vielmur avoit failli d'être prins par la lâcheté et couardise de Jean Bissol et Albion, auteurs de l'entreprinse. Les échelles étoient posées. Comme ils voulurent monter et ayder au sergent Fabry et Séguret, son neveu, à ce faire, encore laissèrent-ils une échelle, laquelle Séguret regrettant, retourna quérir dans le fossé et la remporta, quoi qu'il y fût blessé d'une arquebuzade dont mourut en chemin. C'étoient des entrepreneurs faisant du capitaine, sans jamais avoir été soldats. L'on trouva fort étrange que le sergent Fabry, vaillant homme au régiment, eût voulu accompagner tels apprentifs à tels hazards ; plutôt le devoit entreprendre lui tout seul avec sa compagnie de soldats résolus.

Parce que les troupes du sieur de Cornusson avoient mandement du sieur de Joyeuse de s'acheminer en Lauragais, comme ils firent (faisant courir le bruit de vouloir assiéger Montesquieu) le sieur comte de Montgommery, avec les troupes, s'en va au secours. Il partit de Castres le samedy, 26 avril, avec 7 compagnies, savoir : celle de La Nogarède, Chabert et Marchet d'Albigeois ; celles de Lux, Sabaud, Portal et Pelras de Lauragais, pour empêcher les desseins du sieur de Cornusson. Cependant, ceux de Lauragais avoient député hommes pour mander devers le roy de Navarre, où Valdare, de Caraman, s'achemina, et Roques, d'Auriac, devers M. le duc de Montmorency. Valdare étoit député pour faire entendre le danger où étoit le pays de Lauragais, menacé des forces du sieur de Joyeuse et Cornusson, à ce que le secours promis ne s'acheminât en Quercy. Il alla à Montauban où M. du Plessis, intendant des affaires du roy de Navarre, séjournoit, et il eut réponse qu'on ne pouvoit disposer sur ce que le roy de Navarre avoit mandé. Toutes fois, étant de retour avec quelques lettres de créance sur ce fait, il les rapporta tout autrement, faisant entendre que il n'étoit pas besoin que le secours s'acheminât en Quercy.

Cessenon, petite ville au Bas-Languedoc, tenue par les gens de M. le duc de Montmorency, fut trahie au sieur de Joyeuze ou à ses capitaines qui furent introduits de nuit dans une des citadelles. Et, quoique le sieur de Spondillan renforçât de IIII^{xx} soldats l'autre citadelle, si est que tout fut quitté quelques jours après par faute de vivres. Cela advint au mois d'avril.

Jean Rollande La Laugeyrie, jeune homme fauteur et complice de Bacou, se révolta ce temps avec Abel Rollande, son cousin, Portallier et le fils jeune du capitaine Bernas, et, s'étant nichés à La Bruguière, commirent une infinité de maux. La Laugeyrie vint prendre, un matin, le troupeau de chèvres, que ceux de Castres nourissaient au mois de may pour avoir le lait, et les amena à La Bruguière ; il guètoit les voituriers apportant denrées et vivres à Castres. A un rencontre de l'escorte d'iceux, il tua un pauvre jeune homme de Castres de la Religion, nommé Caston et amena quatre mulets chargés de bled à La Bruguière.

M. le comte de Mongommery s'étant acheminé vers le Lauraguais, comme dit a été, pour le secours du pays, le sieur de ..... guidon de sa compagnie, avec toute sa compagnie de gendarmes, excepté 7 ou 8, prindrent congé de lui et se retirèrent vers Montauban, marris de ce qu'il n'avoit obéi aux mandemens du roy de Navarre. Ils avoient prins congé de leurs hôtes, à Castres, fort gracieusement.

Les forces de Lauragais, avec ledit sieur comte de Montgommery, s'en allèrent joindre M. Daudon, sénéchal de Foix (1), et tindrent la campagne, ayant assiégé un fort château, à demi lieue de Pamiers, nommé le Mas, appartenant à l'évêque et chapitre de Pamiers. Ils le battirent de deux canons et quelques pièces de campagne. Le château étoit fort, mais mal pourveu de gens ; qui fut cause qu'il fut forcé dans deux ou trois jours, et rasé tôt après. Il tenoit Pamiers en cervelle et le fâchoit fort. La garnison fut mise à l'épée, et quelques moines et chanoines faits prisonniers. Cela advint au mois de may 1586 (2), lorsque le susdit Roques, d'Auriac, revint devers M. le Duc apportant lettres au susdit sieur Comte, à Mrs Daudon de Deyme et de Tanus, leur mandant d'avoir bonne intelligence ensemble, et qu'il avoit mandé aux capitaines de ne s'acheminer vers Montauban qu'ils n'eussent autre mandement de lui.

(1) Jean-Claude de Lévis, sgr d'*Audon*, sénéchal et gouverneur général du pays de Foix depuis le mois de juin 1584. Ne pas le confondre avec Armand de Gontaud, sgr d'*Audaux*, sénéchal de Béarn, catholique.

(2) Voir *Hist. de Foix et Béarn* par *Olhagaray*, 1609, p. 670, etc... — Le Mas-Saint-Antonin, où s'illustra le capitaine Portal, ne s'est jamais relevé de ses ruines.

Cependant que les troupes de la Religion éloient en Lauragais, les capitaines papistes de la garnison de La Bruguière,
Viviers, Souals, Escoussens et autres circonvoisins dressent
entreprinses pour surprendre Castelnau-de-Brassac et Ferrières,
par le moyen et adresse du susdit de La Lauzeyrie et autres
révoltés, qui s'y étant acheminés au nombre de 3,000 hommes,
furent découverts par les sentinelles que Madame de Ferrières
faisoit tenir sur le gué de Balbiac ; et ayant tiré arquebuzades
entendues de Ferrières, le tocsin donna l'alarme et avertissement par tout, si qu'ils se retirèrent. Pour couvrir cette entreprinse, se retirant sur le jour, ils prindrent le chemin du Bez,
où arrivés pressèrent le château dudit lieu où Jacques Puech
étant avec deux autres se sauvèrent, ayant sauté par une fenêtre derrière. Le lieu fut entièrement pillé et saccagé. La ville
de Castres avertie soudain de ce dessus, envoye une troupe de
soldats pour leur couper chemin, sans savoir le nombre des
ennemis. Peu après suit une autre troupe. S'acheminant, la
première troupe vit venir les ennemis de bien loin, la seconde
aussi, mais avant qu'être assemblés avec la dernière troupe
l'ennemi eut gagné la métairie d'Envieu.

Sur la fin du mois de juin 1586, les sieurs de Cornusson, de
La Châtre et autres sieurs gentilshommes et capitaines catholiques ayant peu de jours auparavant fait montre de 3,000 hommes de pied, et de 4 cornettes de cavalerie, vindrent assiéger la
ville de Montesquieu en Lauragais, à quatre lieues de Toulouse,
comme, longtems y a, avoient prémédité (1).

Plus prochain de La Bruguière, et d'illec se retirèrent las et
fatigués, l'ayant échappé belle, car si toutes les troupes de
Castres fussent sorties tout-à-coup et de bonne heure, comme
ils en avoient l'avertissement, toute cette troupe lasse eût été
taillée en pièces, ceux de Castres étoient près de 500 arquebuziers et 10 ou 12 capitaines. Ils furent suivis jusques près du
pont, où Antoine Agret, de Castres, fut blessé, dont il mourut
deux jours après, et quelques autres blessés. 4 ou 5 de La
Bruguière y furent aussi blessés.

(1) La capitulation de Montesquieu-Lauragais fut signée le 2 juillet 1586,
par François de Lavalette-Cornusson, l'agresseur, et par Durand d'Avessens,
défenseur et seigneur du lieu (Papiers de la famille d'Avessens.

Lendemain encore fut faite autre sortie par ceux de Castres, en pareil nombre; mais ne rencontrèrent l'ennemi, quoique l'on eût rapporté qu'ils étoient en campagne. Depuis, la garnison de La Brugnière — épouvantée du danger pressant, et ne croyant pas que un si grand nombre d'hommes peut sortir de Castres, veu que M. le comte avoit amené sa compagnie et des gens de pied, — ne courut pas si souvent qu'elle avoit accoutumé.

Les ennemis ayant fait courir le bruit d'aller assiéger Montesquieu, et voyant l'assemblée de ceux de la Religion en forces dans le Lauraguais, changent d'avis et rebroussent chemin au pays d'Albigeois sous la conduite du sieur de Cornusson, sénéchal de Toulouse, avec lequel se vint joindre un régiment de 16 enseignes de gens de pied, composé d'Auvergnats et Haut Rouergats, sous la conduite du sieur de La Chatte, un chevalier de Malthe, parent du sieur de Joyeuse (1). Promptement ils s'acheminent vers Albaing qui avoit été brûlé, peu de jours auparavant, hormis une tour ou clocher que le capitaine Caussanel et le capitaine Comte tenoient avec 50 ou 60 soldats et deux pièces de batterie. Comte, les voyant venir, se retira avec 20 ou 30 soldats sans les attendre. Caussanel s'opiniâtrant à tenir fut battu, et le clocher prins et brûlé avec le régiment de soldats. Ce fut au mois de may 1586 (2).

Le 10 dudit mois lesdites troupes, laissant Réalmont, s'acheminent droit à Lombers où trois cornettes de cavalerie et sept enseignes de gens de pied vindrent furieusement donner jusques aux portes ou fossés de la ville, d'où ils furent rudement repoussés par le capitaine La Fenasse, que le sieur de Tanus, gouverneur d'Albigeois, y avoit mis en garnison. Le combat dura deux heures, où fut blessé le capitaine Bousquet, de Lombers, qui revint à la mêlée après qu'il fut pansé. Il y en eut huit des ennemis tués sur la place, entre lesquels étoit un capi-

(1) Aymar de Caleu, baron de Chattes, fils de François et de Paule de Joyeuse, était chevalier de Malte, grand-maître de l'ordre de Saint-Lazare, commandeur de Limoges, etc.

(2) Faurin dit que les protestants brûlèrent Alban le 10 avril et fortifièrent de nouveau ce lieu quelques jours après; mais on ne connaissait pas le fait dont parle ici Batailler.

taine armé de toutes pièces, et 30 ou 40 blessés desquels en
moururent 15 en chemin.

Ceux de Réalmont effrayés et craignant être assiégés, envoyent demander secours à Castres par Milhon, ci-devant secrétaire de M. le vicomte de Paulin ; mais quoiqu'il lui fût promis
et qu'il en eût assuré ledit sieur de Tanus par lettres, tant y a
que personne ne y alla ; les affaires étant maniées par Mrs le
Juge, L'Espinasse, syndic, et autres du Conseil pour lesquels
les soldats ne vouloient rien faire; tellement que M. de Tanus
fut contraint de faire du mieux qu'il peut. L'ennemi passa
près de La Botterie (1) en masse, et là se départirent les compagnies composées par le sieur de Tanus, tellement que s'il eût
eu 200 hommes de service, il est à croire que il eût défait quelques troupes des ennemis à leur partement.

L'on craignoit que ces troupes n'allassent assiéger La Caune
où les habitans étoient fort épouvantés et demandoient secours,
comme Réalmont, ; mais le juge, ni syndic, ni secours n'y peu-
rent pourvoir, s'amusant plus à débattre et contester en leur
Conseil qu'à autre chose. Aussi, ce n'étoit pas de leur gibier,
quoiqu'ils se mêlent de tout, ny ayant le moindre soldat qui
voulût rien faire pour eux.

Le sieur de Cornusson devoit venir de Lautrec pour exécuter
un dessein, et entreprinse sur la ville de Castres, sous couleur
d'un baptême et filleul qu'il y devoit faire d'une fille du sieur
de Montfa (2); mais ayant entendu la bonne garde qui se faisoit
à Castres il n'y vint pas, joint que la fille mourut la nuit dont
le lendemain ils devoient arriver, sans avoir été autrement
malade.

Le juge de Castres et Mtre Antoine de L'Espinasse, syndic,
avec quelques-uns de leur humeur, quoi qu'au départ du sieur
comte de Montgommery eussent eu quelques paroles ensemble,
au désu des consuls et de partie du Conseil, font écrire, par
ledit sieur de L'Espinasse, une lettre audit sieur comte, le priant

(1) La Boutarié (Tarn).

(2) Pierre VI de Toulouse-Lautrec, baron de Montfa, enseigne de la compagnie du comte de Montmorency d'Offemont, gouverneur des villes catholiques du diocèse de Lavaur, en 1590. Il avait épousé Anne, fille de Jean de
Noël, sgr de Lacrouzette.

de venir tous pour secourir le pays d'Albigeois qui autrement
s'en alloit perdu, et faisoient le danger beaucoup plus grand
qu'il n'étoit. Plusieurs se trouvoient fort offensés d'un si subtil
changement, de rappeler ledict sieur auquel, en secret, ils
vouloient tant de mal et qu'i s avoient offensé jusques à lui
faire fermer les portes, comme a été dit. Toutes fois, ils craignoient que le peuple se ruât sur eux, pour le soubçon de
longtems conçu contre eux, d'avoir intelligence avec l'ennemi,
et il y en avoit plusieurs qui le disoient tout haut. Ce fut cause
que ledit sieur, qui ne désiroit pas mieux, s'en vint promple-
ment avec 3 compagnies, une du pays bas et deux de Lauragais, lesquelles furent logées aux plus prochaines maisons et
métairies de Castres, même aux tuileries, où ils firent beaucoup
de maux et se retirèrent deux jours après. Ce fut le 19 may que
ledit sieur revint.

Vielmur fut de rechef failli par la lâcheté et faute de cœur des
susdits Albion et Bissol, chefs de l'entreprinse. M. le comte y
étoit en personne, mais il ne s'y fit rien qui vallut, quoi qu'ils
lui eussent promis de faire merveilles.

Ledit sieur s'en alla vers Clermont, voir Madame, à qui il
faisoit l'amour fort avant (1).

En ce tems, par son commandement, fut rebâti le fort de
Saix. Il y fut mis garnison, tant pour tenir le passage, que pour
les récoltes des fruits qui s'y font grandement. Le sergent Pierre
Rolland y fut mis pour commander.

· En ce mois de may, y eut un rencontre de 15 ou 20 chevaux
que le sieur de Montpiniher, gouverneur de Vielmur, conduisoit,
et de 7 ou 8 chevaux et autant d'arquebuziers à pied que le
jeune Puicalvel, nommé autrement sieur de La Razarié, condui-

(1) Les chroniqueurs prêtent une complexion amoureuse à Jacques, comte
de Montgommery, au diocèse de Lisieux, sgr de Lorges, dans le Blaizois,
etc.,; De fait il épousa successivement trois femmes : 1º Péronnelle de Cham-
pagne-La Suze ; — 2º Aldonce de Bernuy-Caraman, dame de Saïssac, veuve
de Guy de Castelnau, baron de Clermont-Lodève, sénéchal de Toulouse et
Albigeois, mort en 1585; 3º Claude de La Boissière. — Montgommery signait :
Montgoumery, se conformant à la prononciation méridionale qui transforme
l'o en ou On a plusieurs exemples de cette orthographe parlée. C'est ainsi
que, plus tard, le célèbre Christophe Balthazar, mort à Castres le 21 juin
1663, signera à la fin de ses jours, Baltajar, suivant en cela le langage
vicieux du pays qu'il habitait. — Ceci, en réponse à une critique bienveillante.

soit vers Saint-Paul. Rencontrés près La Mause, ils furent chargés par ledit sieur de Montpiniher et sa troupe. A laquelle charge, un des fils du sieur de Puybélou, de Saint-Paul, fut tué et tout le reste s'en alloit en route sans l'infanterie qui fit tête à l'ennemi, et blessa ledit sieur de Montpiniher qui mourut une heure après ; un sien serviteur aussi, quelques autres furent blessés. La victoire demeura aux nôtres, avec deux casques, quelques corcelets et des lances. Ils demandèrent le corps dudit Montpiniher qui leur fut accordé, et l'en admenèrent, comme aussi un soldat à pied qui l'avoit escorté, lequel, conduit à Vielmur, fut tué de sang froid, après les funérailles dudit sieur de Montpiniher (1).

Le fort de Calvet, de Nages, qui avait été prins avec du canon fut, en ce temps, rendu audit sieur de Calvet moyennant 1000 écus qu'il paya de rançon. Il fit, depuis, mille maux à tous les environs de Lacaune.

Le sieur de Deyme, gouverneur de Lauragais, en ce mois de may, ayant secrètement assemblé 5 ou 600 arquebuziers, partit de Puilaurens avec le canon et quelque cavalerie. Il alla assiéger et battre Viterbe qu'il print d'assaut le même jour et y tua 20 ou 25 soldats de la garnison. Il print aussi le château de Jonquières, qu'il brûla, et, s'en retournant, print aussi le fort de Gragnague, Orsières, ensemble le château de La Bastide-Carlipa, où il mit garnison, et promptement, dans la nuit suivante, se retira à Puylaurens. Le secours partit de Toulouse, mais arriva tard (2).

En juin, les sieurs Jean Bourdairol et Jean Bissol furent députés pour aller devers Monseigneur le duc de Montmorency, composer avec Sa Grandeur pour les deniers du public. Il

(1) Voyez, sur cette escarmouche, le récit de Gaches (Mém. p. 325).

(2) Faurin dit : Orsières ou Carpila-Orsières avait été occupé de bonne heure par les Toulousains, d'après le document suivant adressé aux Capitouls : « Messieurs, pour ce que le cap. Mauvezin demande ung prévost pour faire punir quelques soldats qui ont volu mettre le chasteau d'Orsières entre les mains des ennemis, a esté advisé d'y envoyer le lieutenant du prévost présent porteur, auquel vous ferez bailler argent pour les despens de son voyage. — Faict à Thol., le xviiͤ de mars, milͮᶜlxii.

G. Cardinal d'Armaignac, »
(Arch. de la ville de T.; missives).

accorda que, en lui baillant 8,000 écus sol, il laissoit tout le surplus au diocèse.

Ledit sieur duc, en ce tems, s'achemina vers Provence pour exécuter quelque intelligence qu'il y avoit.

Le pays étoit sans gouverneur parce que M. le chevalier d'Angoulême, paravant gouverneur, ayant blessé le capitaine d'une galère, à Marseille, ledit capitaine se voyant mort, se jeta de furie sur ledit sieur gouverneur et le tua (1). Le bruit étoit que le roy avoit donné le gouvernement à M. d'Arques, amiral de France, son beau-frère, fils du sieur de Joyeuse. Avant son partement, il avoit fait le sieur de Châtillon gouverneur de Milhau et pays de Rouergue, lui permettant venir au secours du pays de Lauraguais que l'ennemi vouloit assaillir. Ledit sieur de Châtillon se retira à Milhau, en son gouvernement.

Le sieur du Maine, pendant le long séjour qu'il avoit fait au pays de Quercy, avoit dressé une entreprinse pour s'emparer de Montauban, se servant d'un neveu du sieur de Terride, nommé Del Claux, lequel alloit et venoit à Montauban voir le sieur de Terride qui en étoit gouverneur, sans aucun soupçon, ni empêchement. Le moyen qu'il vouloit tenir étoit facile, c'est qu'étant catholique, il permettoit à ceux de Montauban de les mettre ou dans Rabastens ou dans L'Isle-d'Albigeois, sçachant qu'ils désiroient avoir un passage sur la rivière de Tarn. Pour ce faire, il disoit n'être besoin s'aider d'autres personnes pour l'exécution que de ceux de Montauban pour le faire plus secrètement. Le sieur de Terride, homme de bien, fort zélé et affectionné à la religion, au roi et fort facile à être persuadé y donnoit consentement. Mais voici, comme on étoit sur le point de l'exécuter, avertissement vint de plusieurs endroits qu'il y avoit trahison et que, sous couleur de ladite entreprinse, ceux de Montauban y allant en grand nombre tomberoient dans des embûches de cavalerie et infanterie qui les devoient tailler en pièces. Ce fait, à jour nommé, le sieur duc du Maine avec 3,000

---

(1) Henri d'Angoulême, fils légitimé de Henri II et d'une dame écossaise de Leviston-Flamin, était grand prieur de France. Il fut tué par Philippe Altoviti, baron de Castellane, qu'il venait de blesser mortellement, à Aix, le 2 juin 1586. Brantôme fait l'éloge du comte d'Angoulême dans son *Discours de ce qu'il ne faut jamais parler mal des dames.*

chevaux partirent d'Angers venant investir Montauban, le trouvant dégarni d'hommes, et de chefs. Le reste de son camp
devoit suivre en diligence pour assiéger ladite ville. Ce fut cause
que ledit sieur du Claux fut chassé de la ville, sans lui faire
autre mal, pour le respect de son dit oncle, qui fut infiniment
marri d'une telle méchanceté. Les sieurs de Cornusson et de la
Chatte devoient être auxdites embûches avec toutes les forces
qu'ils avoient amassées. Lesquelles, le coup failli, se retirèrent
droit à Toulouse pour y faire la montre de l'exécution arrêtée
sur le pays de Lauragais.

En ce tems, le roi de Navarre, ayant laissé toute puissance à
Monsieur le vicomte de Turenne pour résister au sieur duc du
Maine, se retira vers La Rochelle, ayant laissé des gouverneurs
aux dites villes pour icelles commander et fortifier comme il y
fut travaillé diligemment par lesdits sieurs gouverneurs, notamment par le sieur de Chouppe, gentilhomme de grande expérience au fait des armes et sièges des villes, qui y faisoit travailler en telle sorte que l'armée dudit sieur duc du Maine ne
l'osa attaquer dans Sainte-Foi la-Grande, dont il étoit gouverneur.

La montre de 3,600 hommes de pied, arquebuziers, tant du
régiment du sieur de La Chatte, qui montoit à 1,500 hommes,
que autres tenus aux environs de Toulouse, Lauragais et Albigeois, et de quatre cornettes de cavalerie, se fit aux fauxbourgs
de Toulouse, par lesdits sieurs de La Chatte et de Cornusson,
sénéchal ; et ayant prins argent s'acheminèrent droit à Montés-
quieu qu'ils assiégèrent promptement.

INDEX

DES NOMS PROPRES

~~~

Caussade, Tarn-et-Garonne, 30.
CAUSSANEL (Le capitaine), 115.
CAUSSE (Bertrand de Rozet, sgr du), 36, 67, 74, 79, 86, 100.
CAUSSE (Guillaume de Rozet, sgr du), 83, 100, 106.
CAZAUBON (Georges d'Amboise, sgr de), 33 et note, 34, 43.
Cazouls, Hérault, 2.
CESSAL, 49.
Cessenon, Hérault, 1, 2 et note.
CHABERT (Le capitaine), 111, 112.
Châlons, Marne, 28.
Charenton-le-Pont, Seine, 41.
CHARPENTIER, 49.
Château-Trompette, Gironde, 26.
CHATILLON (François de Coligny, comte de), 2, 7, 9, 40, 72, 73, 87, 89, 102, 103, 119.
CHATTES ou La Chatte (Aymar de Caleu, baron de), 114, 115 et note, 120.
CHAUDERON (Jean), 11.
CHAUSSON, sa mort, 79, 88.
Choples, Haute-Garonne, 77 et note.
CHOUPPES (Pierre de), 73 et note, 77, 120.
CLAUSONNE (Guillaume Roques, sgr de), 59.
Clermont-de-Lodève, Hérault, 1, 2 et note, 3, 4, 35, 102, 117.
CLERVANT (Claude-Antoine de Vienne, sgr de), 41 et note, 74, 75.
Cognac, Charente, 90.
COLOMBIÈRES (Pierre de Caylus, sgr de), 35, note, 85, 97, 100.
COMBELASSE, 104.
COMBES, cap. prot., 49.
COMTE, cap. prot., 107, 115.
CONDÉ (Henri de Bourbon, prince de), 8, 9, 12, 22, 24, 41 et note, 56, 88, 90, 91.
CONSTANS, pasteur, 66.
CORBIÈRE (Olivier), cap. prot., 23.
CORNUSSON (François de Lavalette, sgr de), 2, 23, 29, 30, 54, 77, 89, 90, 99, 107, 108, 110, 112, 114, 115, 116, 120.
COTTON, cap. cath., 42, 49, 67, 71, 72, 76.
Coursan, Aude, 2 et note, 3.
Cruzi, Hérault, 52.
Cuq-Albigeois, 56, 79.
Cuq-Toulza, Tarn, 63 et note.
Cuxac-Cabardès, Aude, 78.

D

Damiate, Tarn, 45.
DAURES. Voyez Auros.
DAIX ou Dax (Abel), cap. prot., 77.
DAYDÉ (Darde), 20, 49.
DEL CLAUX, neveu de Terride, 119, 120.
DÉMOSTHÈNE, 71.
Dénat, Tarn, 108 et note, 110.
DEYME (Thomas de Durfort, sgr de), 33, 52, 53, 91, 108, 109, 113, 118.
Dijon, Côte-d'Or, 28.
DOMENJOU ou Monjou, 98 et note.
DONNADIEU (Guillaume), 59, 60, 61, 93.
DONNADIEU (Jean), 11.
DU BOURG (Antoine du Maine, sgr), 101 et note.
DU CLAUX (Jacques de Lomagne, baron), 119, 120.
DUMAS (Abel), 78.
DUMAS (Pierre), pasteur, 40.
DU PLESSIS-MORNAY (Philippe), 75, 112.
DUPUY (Pierre), 59, 61, 62, 105.
DURANT (capitaine), 78.
DURANT ou Duranti (Jean-Etienne), 2, 3 et note, 5, 8, 9, 69, 99.
DURAS (Symphorien de Durfort, sgr de), 64.
DU VILA. Voyez Vila.

E

ELBÈNE (Pierre, abbé d'), 74, 75.
ELBOEUF (Claude de Lorraine, marquis d'), 28.
Embrun, Hautes-Alpes, 58.
ENTRAGUES (François de Balzac, d'), 28.
Envieu, Tarn, 114.
EPERNON (Jean-Louis de Nogaret de La Valette, duc d'), 28, 29, 58, 64.
Escoussens, Tarn, 8, 51, 94, 114.
ESCROUX (Florens de Beine, sgr d'), 83 et note, 84.
ESPONDEILHAN (Guillaume de Bermond du Cailar, sgr d'), 112.

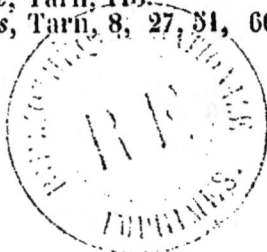

ERRATA

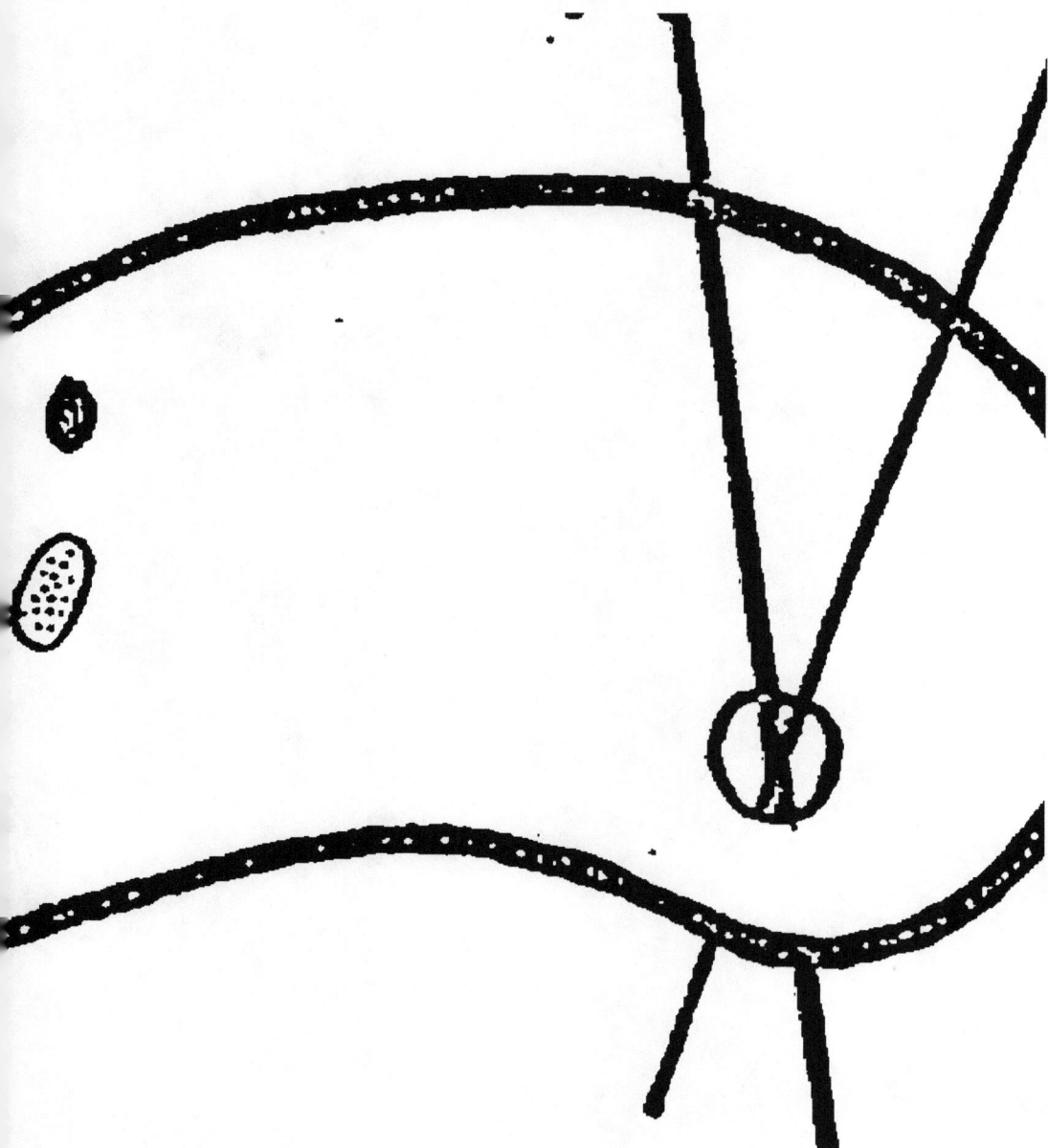

www.ingramcontent.com/pod-product-compliance
Lightning Source LLC
Chambersburg PA
CBHW051715090426
42738CB00010B/1923